Kletterpflanzen

Michèle Lamontagne

Kletterpflanzen

Richtig planen, gestalten und pflegen

Aus dem Französischen
übersetzt von Ulla Schuler

GONDROM

Titel der Originalausgabe: *Les plantes grimpantes*

Redaktion: Corinna Hoch, Patrick Grootveldt
Fachlektorat: Christine Weidenweber
Covergestaltung: Christine Retz
Titelbild: mauritius images/Botanica
Satz: Ramona Kolb

Fotos: Michèle Lamontagne

ISBN-10: 3-8112-2747-5
ISBN-13: 978-3-8112-2747-7

021

5 4 3 2 1

www.gondrom-verlag.de

Inhalt

Kletterpflanzen kultivieren

Pflanzenporträts von A bis Z

Kletterpflanzen kultivieren

Was sind eigentlich Kletterpflanzen?

Kletterpflanzen wachsen von Natur aus kräftig in die Höhe. Je nach der Technik des Kletterns unterscheidet man Ranker, Klimmer, Winder und Wurzelkletterer. Ihre Triebe sind besonders stabil und biegsam und mit vielen so genannten Gefäßbündeln versehen, die sie ausreichend mit Nährstoffen versorgen.

Um zu überleben und ans Licht zu kommen, wachsen manche Kletterpflanzen mehr als 100 m hoch, auch wenn sie dafür ihre Stütze fast ersticken oder erwürgen müssen, wie dies bei Ficus, Spindelbaumgewächsen oder Wisterien der Fall ist.

Kletterpflanzen in der Natur

In nahezu allen geographischen Breiten findet man Kletterpflanzen – wobei der größte Artenreichtum in den tropischen und subtropischen Gebieten herrscht.

Dschungel und Urwald sind der bevorzugte Lebensraum von Kletterpflanzen oder Lianen, die, um an das benötigte Licht zu gelangen, durch die dichten Verzweigungen der Bäume zu dringen versuchen, und das nicht selten auf deren Kosten. Kletterpflanzen haben erstaunliche Überlebenstechniken entwickelt und nutzen verschiedenste Energiequellen, die gleichzeitig ihre eigenen Lebenskräfte schonen.

Alle Kletterpflanzen wachsen schnell: Dazu bilden sie biegsame und widerstandsfähige Triebe und dünne Verästelungen, in denen der Saft zu den Blättern und Blüten geleitet wird. Der untere Teil der Triebe ist oft kahl. Die Blüten erscheinen an den Enden der Triebe, wo sie das Licht nutzen sowie bestäubt und befruchtet werden können.

Unsere Kletterpflanzen stammen aus allen Kontinenten: Aus China und aus Japan kommen Kiwi, zahlreiche Waldrebensorten, manche Jungfernreben und zahlreiche Kletterrosen, nicht zu vergessen der üppige Blauregen. Von den Philippinen kam der Jadewein *(Strongylodon macrobotrys)*, eine Pflanze mit langen, hängenden Blütentrauben mit türkisfarbenen Blüten. Madagaskar schenkte uns die Kranzschlinge *(Stephanotis)*, Indien den stark duftenden Arabischen Jasmin *(Jasminum sambac)*, Südafrika die Trompetenblume *(Campsis)*, die Schönranke *(Eccremocarpus)* und das Kapgeißblatt *(Tecomaria capensis)*. Nicht zuletzt stammen Prunkwinde *(Ipomea)*, Drillingsblume *(Bougainvillea)*, *Solandra*, *Allamanda*, *Pyrostegia* und viele andere aus den tropischen Regionen Amerikas.

◀ *Clematis* 'Abundance' bekommt im Sommer große Blüten.

Kletterpflanzen wachsen überall mit einer Fülle an Formen, Farben und Düften. Für fast jeden Standort findet man die passende Pflanze.

► Kletterpflanzen sind robust und leicht am Spalier zu ziehen; sie brauchen wenig Platz und werten jeden Garten auf.

► Rechte Seite: Kletterrosen und Geißblatt

Diese Liste ließe sich noch verlängern, denn bei Expeditionen werden immer noch neue herrliche Wildpflanzen entdeckt und, soweit dies das Artenschutzabkommen zulässt, zu uns gebracht.

Eine besondere Entwicklung

Ursprünglich waren diese schnell wachsenden Pflanzen zweifellos keine Kletterer. Sie bildeten lange, biegsame und eher weiche Triebe, die sich in der Höhe nicht halten konnten und den Boden bedeckten. Durch den Mangel an Licht waren sie nur sehr kurzlebig. Erst die Entwicklung verschiedener Verankerungssysteme, mit deren Hilfe sie emporwuchsen, sich am kleinsten Halt anklammern und so zentimeterweise dem lebenswichtigen Licht näherkamen, ermöglichte ihnen die Besiedelung neuer Lebensräume. Es gelang ihnen außerdem, sich so anzupassen, dass sie bis heute nur wenig Platz am Boden brauchen und ihre Kräfte darauf konzentrieren können, vertikale Zonen zu erklimmen.

Sie begrünen nicht nur Gitter, Mauern und Baumstämme, sondern schaffen auch einen optischen Rahmen und verleihen so dem Garten eine dritte Dimension – nämlich in die Höhe.

▲ *Clematis* 'Montecassino' wächst auf dem Rosenstrauch 'Ethel'.

Bevor Sie diese verführerischen, oft wuchernden Pflanzen in Ihren Garten holen, sollten Sie sich vorab über Ihre eigenen Vorstellungen, die Lage und Größe des Gartens, aber auch die Ansprüche der Pflanzen im Klaren sein.

Wie alle anderen Pflanzen, haben auch Kletterpflanzen ganz unterschiedliche Ansprüche an den Boden, die Sonneneinstrahlung und die Wasserverfügbarkeit, um nur einige Kriterien zu nennen. Manche Arten überstehen auch harte Winter im rauen Klima, andere können nur in Kübeln gut gedeihen und müssen im Wintergarten vor Frost geschützt werden. Vor der Auswahl müssen Sie ebenfalls beachten, dass nicht alle Pflanzen farblich harmonieren und dass manche Arten nicht nebeneinander gedeihen, wenn beispielsweise eine sehr wuchernde Sorte nicht so wüchsige Arten unterdrückt. Wollen Sie jedes Jahr eine andere Bepflanzung, sind schnell wachsende Einjährige eine gute Alternative zu kletternden Stauden oder Gehölzen.

HÄTTEN SIE'S GEWUSST?

Charles Darwin und die Kletterpflanzen

Der durch seine Evolutionstheorie über die Entstehung der Arten berühmt gewordene Brite Charles Darwin interessierte sich sehr für das Wachstum von Kletterpflanzen.

Nach Darwins Ansicht sind diese Pflanzen und ihre Bemühungen zum Licht zu gelangen das Ergebnis einer langsamen Evolution. Er beschrieb die elliptische Bahn einer Ranke, die Circumnutation, die stets lotrecht zur Lichtquelle erfolgt. Wenn letztere wandert – wie die Sonne –, dann braucht die Pflanze nicht mehr als zehn Minuten, um sich neu zu orientieren. Man vermutet, dass diese Bewegung mit der Gravitation zusammenhängt.

▲ Diese Ranke einer Passionsblume ist bereit, sich an die nächstbeste Stütze zu klammern, und wird sich wie eine Feder entspannen, um sich fest zu verankern.

Klettern – aber wie?

Spreizklimmer
Sie nehmen Dornen oder Stacheln zuhilfe, wie Rosen und Brombeeren, brauchen aber eine gute raue Unterlage, Halterung oder Stütze, um emporwachsen zu können.

Wurzelkletterer
Mithilfe von Haftwurzeln (Efeu) oder Haftscheiben halten sich die Wurzelkletterer an den kleinsten Spalten und Unebenheiten, aber auch in Dachrinnen oder unter Ziegeln fest. Die Wurzeln haben eine doppelte Funktion: Sie dienen zur Fixierung der Triebe und als Ernährungslieferant.

Windende Arten
Diese Kletterpflanzen haben zwischen den Blattansätzen lange Abstände, sodass sich der ganze Trieb um eine Unterlage windet. Man unterscheidet zwischen links- und rechtswindenden Arten. Der Hopfen windet sich beispielsweise im Uhrzeigersinn, während die Winde, die Bohne oder Wisteria Linksdreher sind. Winden wachsen permanent in einer Art Wendeltreppenbewegung und sind auch unter dem Begriff Schlingpflanzen bekannt.

Rankende Arten
Zu dieser Gruppe zählende Kletterpflanzen (Zierkürbis, Clematis, Wicke) bilden besondere Sprosse aus, die je nach Pflanze aus den Blattspitzen, Blattstielen, Trieben oder, seltener, direkt an den Blüten entspringen. Sobald die Ranken eine Stütze gefunden haben, rollen sie sich darum. Bei manchen Arten geschieht dies innerhalb von fünf Sekunden. Nachdem sich die Ranken eingerollt haben, verhärtet sich ihr Gewebe, damit sie das ständig zunehmende Gewicht der Pflanze tragen können. Gleichzeitig bleiben sie elastisch, sodass sie bei Wind und Regen als Stoßdämpfer wirken.

Wilder Wein
Der Wilde Wein gehört zu den Rankern und zu den Wurzelkletterern, denn an den Spitzen seiner Ranken bildet er zusätzlich Haftscheiben aus. Auf diese Weise überwindet er auch horizontale Strecken.

▲ Diese „pinselförmigen" Efeuwurzeln warten nur darauf, auf eine raue Oberfläche zu treffen, um sich daran verankern zu können.

▼ Die Ranken von *Vitis coignetiae* erkunden die Umgebung auf der Suche nach dem nötigen Halt. Die Triebe wachsen, bis sie ihn gefunden haben.

Kultivierung und Pflege

Frühling

- Kontrollieren Sie am Ende des Winters alle Kletterhilfen, Befestigungen und Spaliere.
- Totes, krankes, ungünstig platziertes oder zu stark wucherndes Holz muss entfernt werden. Beachten Sie aber die spezielle Pflege der einzelnen Arten, beispielsweise bei Kletterrosen.
- Entfernen Sie Unkraut und lockern Sie den Boden um die Pflanzen oberflächlich auf; düngen Sie anschließend. Bedecken Sie den Boden mit Rindenhumus oder Grasschnitt (mulchen).
- Einjährige können Sie je nach Ansprüchen direkt am Spalier säen oder vorziehen und ab Mai auspflanzen.
- Schneiden Sie bei Frühblühern Verblühtes ab.
- Schädlingskontrolle: vor allem Nackt- und Gehäuseschnecken (an Trieben von Clematis), Raupen, Läuse. Beachten Sie beim Einsatz von Schädlingsbekämpfungsmitteln die Zulassung.
- Nach den letzten Frösten können die kälteempfindlichen, weniger robusten Topfkulturen (etwa Bougainvillea, Jasmin) ins Freie gebracht werden.
- Düngen Sie nach Bedarf der jeweiligen Art.

▲ Prüfen Sie im Frühjahr die Befestigungen und leiten Sie die jungen Triebe an Spalieren an.

Herbst

- Die meisten ausdauernden Kletterpflanzen können jetzt gepflanzt werden. Denken Sie beim Bau des Klettergerüstes an die spätere Größe der ausgewachsenen Pflanze.
- Entfernen Sie herabgefallene Blätter, ganz besonders bei kranken Pflanzen, und verbrennen Sie das Laub.
- Sammeln Sie die Samen von Einjährigen. Winterschutz vor den ersten Nachtfrösten: Häufeln Sie Erde am Stammgrund an und umwickeln Sie die Zweige mit Wachstumsfolie, Stroh oder Zeitungspapier.

▲ Das Ende des Sommers kündigt sich an, sobald sich die ersten Blätter der Dreispitzigen Jungfernrebe rot verfärben.

im Jahreslauf

Sommer

■ Achten Sie auf Schädlingsbefall, vor allem Läuse, Schildläuse, Rote Spinne, und auf Pilzerkrankungen wie Echten Mehltau. Damit sie sich nicht vermehren, behandeln Sie gezielt und frühzeitig.

■ Leiten Sie die Triebe an den Spalieren an, damit die zu begrünende Fläche schnell überwachsen werden kann; schneiden Sie überflüssige Triebe heraus.

■ Junge Pflanzen sowie Pflanzen, die unter Trockenheit leiden, sollten Sie regelmäßig gießen. Eine dicke Mulchschicht, um den Wurzelhals der Pflanzen gelegt, verhindert allzu rasches Austrocknen.

■ Führen Sie den Auslichtungsschnitt von bereits verblühten Arten, möglichst bald nach der Blüte durch. Bei weniger üppigen Pflanzen wird so die Bildung neuer Triebe angeregt. Ausnahme: Arten, die im Herbst dekorative Früchte bilden.

■ Empfindlichere Pflanzen sollten erst zum Sommerbeginn an ihren endgültigen Platz gebracht werden. Stützen, befeuchten und befestigen Sie die Triebenden, damit sie sich verzweigen.

■ Je nach Art können jetzt Stecklinge genommen werden.

■ Düngen Sie die Pflanzen nach Bedarf der jeweiligen Art, aber nicht nach Ende August.

► Dieser herrliche von Wein überwachsene Weg befindet sich auf Powis Castle (Wales). Die verschiedenen Arten sind über starke Bögen gezogen.

Winter

■ Entfernen Sie Triebe und Äste, die zu dicht an Fenstern und Dachrinnen wuchern.

■ Kontrollieren Sie Stützen, Gerüste von Pergolen und Bögen; überprüfen Sie besonders hölzerne Gerüste gründlich.

■ Kontrollieren und erneuern Sie Befestigungen, damit Windeinbrüche und Schneefälle keinen Schaden anrichten können.

■ Schneiden Sie Blauregen und andere Arten, die während des Sommers geblüht haben, vor Einbruch des Winters zurück.

■ Säen Sie am Ende des Winters die empfindlichen Einjährigen ins Frühbeet oder in Anzuchttöpfchen.

▲ Die jungen Äste dieser sehr alten Trompetenblume werden alljährlich im Frühjahr bis auf den Stamm zurückgestutzt.

Pflanzung

Die meisten Kletterer zählen zu den wüchsigsten Pflanzen im Reich der Flora. Am richtigen Standort und den Bedürfnissen entsprechend gepflanzt, entwickeln sie sich schnell zu einer erstaunlichen Größe.

Einkauf

Am besten kaufen Sie mehrjährige Pflanzen am Sommerende oder im frühen Herbst. Zu dieser Zeit ist der Boden noch warm, es ist nicht mehr allzu heiß und die Pflanzen haben bis zum Winter genügend Zeit zum Einwurzeln. Oft tragen Containerpflanzen um diese Zeit noch ein paar Blüten. Das kann bei der Auswahl der Farben, Formen, ja sogar der Düfte sehr hilfreich sein.

Kletterpflanzen kauft man am besten in Gärtnereien, Baumschulen oder auch im Versandhandel und zwar stets mit Erdballen. Ein Preisvergleich zwischen den Anbietern kann dabei nicht schaden. Achten Sie unter anderem auf die Größe der Pflanze, den Topfdurchmesser und eine Rücknahmegarantie. Bei manchen sehr preiswerten Angeboten *(Clematis, Glyzinie)* kann es sich um aus Samen gezogene Pflanzen handeln, bei denen die Blütenfarbe nicht dem Farbton der Mutterpflanze entsprechen muss. Häufig zeigen sie auch eine verzögerte Blüte, sind nicht sehr widerstandsfähig und langlebig. Samen kauft man kurz vor der Aussaat, eine Lagerhaltung reduziert oft die Keimfähigkeit.

Um eine Fläche rasch zu begrünen, können Sie ruhig zwei bis drei Pflanzen im Abstand von etwa 20 cm setzen. Ein Mischen verschiedener Arten ist aber nicht empfehlenswert. Häufig überwuchern sich die Pflanzen gegenseitig, was die optische Wirkung der einzelnen Arten beeinträchtigt.

◀ Linke Seite:
Die wüchsige Kapuzinerkresse *(Tropaeolum speciosum)* wächst schnell zu einer kräftigen Pflanze heran. Mit ihren farbigen Blüten bereichert sie im Sommer eine einfarbige Eibenhecke.

Nützliche Hinweise

Prüfen Sie den Zustand der Wurzeln, indem Sie den Ballen vorsichtig aus dem Topf lösen. Wenn die Pflanze zu lange im selben Topf stand, hat sich um den Ballen ein dichtes Netz von Wurzeln gebildet. Im Boden werden diese Wurzeln weiter um sich selbst herum wachsen und schaffen es kaum, sich in der Gartenerde zu verankern. Die Pflanze wird kümmern und nach ein paar Monaten oder Jahren eingehen.

Eine Pflanze, die während der Wachstumsperiode, wenn Blätter und Blüten vorhanden sind, aus einem Container ins Freie umgepflanzt wird, ist stets anfällig und sollte besonders behutsam behandelt werden.

▼ Kontrollieren Sie vor dem Kauf: Die Wurzeln dürfen den Erdballen nicht zu stark durchwachsen haben.

▶ Der Ballen wird aus dem Topf gelöst und 20 – 30 cm vor der Mauer, die stets austrocknend wirkt, horizontal in das Pflanzloch gesetzt. Dieses muss so breit und tief sein, dass die Oberkante des Ballens mit der Erdoberfläche abschließt.

Pflanzen Sie besonders wüchsige und Nährstoff zehrende Pflanzen nicht zu dicht nebeneinander.

Vor dem Setzen sollten die Pflanzen in eine Wanne oder einen Eimer mit Wasser gestellt werden. Nehmen Sie sie erst aus diesem Bad, nachdem an der Oberfläche keine Luftblasen mehr aufsteigen.

Die Pflanzlöcher bereitet man je nach Größe des Topfballens vor und lockert die Erde, in der sich die Wurzeln verankern sollen, gründlich auf, damit die Pflanzen gut anwachsen.

▶ Beim Pflanzen kann Kompost, Hornmehl oder gut verrotteter Stallmist ins Pflanzloch gegeben werden. Vor Beginn des Frühjahrs wird um den Wurzelbereich ein Volldünger gestreut.

Ist der Boden sehr nährstoffarm, also mager, oder weist eine schlechte Wasserleitfähigkeit oder Drainage auf, muss die Erde ausgetauscht werden. Man füllt dann das Pflanzloch mit einer leichten, durchlässigen Erdmischung mit viel Humus und eventuell Sand wieder auf. Beim Pflanzen kann organischer Dünger oder ein Depot-Volldünger in Granulat-, Pulver- oder mikroverkapselter Form untergemischt werden.

Wichtig ist auch die geeignete Kletterhilfe (Spalier, Gitter, Bogen). Sie müssen diese sicher verankern und dabei das künftige Gewicht und den Wuchs der Pflanze berücksichtigen.

Mit Ausnahme von Rosen und Wein werden Kletterpflanzen fast waagerecht eingepflanzt, sodass der Haupttrieb in einem kleinen Abstand zur Kletterhilfe zu liegen kommt, vor allem, wenn es sich dabei um eine warme Mauer handelt, die das Sonnenlicht stark reflektiert. Einige Triebe können auf eine Länge von 15 – 25 cm flach in die Erde gebettet werden und bilden dann oft zusätzliche Wurzeln, die eine gute Verankerung im Boden und eine bessere Nährstoffaufnahme gewährleisten.

Wegen des recht starren Wurzelstocks von Kletterrosen, dürfen diese nur leicht schräg zur Kletterhilfe eingepflanzt werden. Außerdem darf die Veredlungsstelle nur etwa 5 cm unter der Erdoberfläche liegen.

◀ Dieses Geißblatt wird nach dem Pflanzen an Eisendrähten entlang einer Mauer anspaliert.

▲ Nach dem Pflanzen wird die Erde kräftig fest getreten. Lufttaschen werden durch großzügiges Gießen ausgetrieben.

Binden Sie die anspalierten Triebe anfangs nicht zu fest. Eine lockere Bindung gibt ihnen Halt, ohne dass sie während der ersten Wochen, wenn der Ballen seine endgültige Lage einnimmt, behindert werden. Bindungen der Originalverpackung müssen entfernt werden. Bevor man die Triebe an der Kletterhilfe befestigt, werden sie ausgebreitet. Schneiden Sie sie ruhig um ein Drittel oder auch um die Hälfte zurück, dann wachsen die Pflanzen leichter an.

Gießen Sie reichlich, auch wenn Regen angesagt ist, nachdem Sie die Erde um den Ballen festgetreten haben. Eine gründliche Bewässerung durchfeuchtet den Boden und beseitigt alle Luftblasen. Falls Sie bei warmem Wetter gepflanzt haben, sollten Sie mehrere Tage hintereinander gießen, um Verdunstung und Wasserverlust durch eine verstärkte Transpiration auszugleichen.

So geht's weiter

Durch ausreichendes Gießen und in mildem oder warmem Klima breitet sich das Wurzelwerk gewöhnlich rasch aus und findet die für seine Entwicklung nötigen Nährstoffe. Durch Düngergaben im Frühjahr und Sommer bleibt die Pflanze kräftig, gesund und blühfreudig. Verwenden Sie keinen Dünger mit hohem Stickstoffanteil (N), denn dieser fördert das Wachstum der Blätter. Besser eignen sich phosphor- (P) und kaliumreiche (K) Dünger, wie man sie bei Erdbeeren, Tomaten, Blühpflanzen und Geranien verwendet.

Ausgewachsene Kletterpflanzen brauchen praktisch keine Pflege. Sie müssen lediglich im Herbst mit einer dicken Schicht Mulch abgedeckt werden, um sie gegen Kälte und Nässe während der Schlechtwetterzeit zu schützen, im Sommer schützt die Mulchschicht vor Hitze, Verdunstung und wucherndem Unkraut. Alljährlich wird dieser Mulch in den Boden untergegraben, bevor man frisches Material wie Torf, Rindenstückchen, Blätterhumus, Kompost, gehäckseltes Stroh, Mulcao (Mulch aus Kakaobohnenschalen) oder Flachsflocken ausbringt.

► Rechte Seite:
Zögern Sie nicht, nach dem Pflanzen ein gutes Drittel der oberirdischen Teile zurückzuschneiden, damit die Pflanze besser anwächst.

Pflege

Kletterpflanzen sind robust und wüchsig und brauchen meistens wenig Pflege. Damit sie ihre Form behalten, sollten sie regelmäßig beschnitten werden.

Bewässern

Gießen müssen Sie, bis die Kletterer angewachsen sind und an den Sprossen austreiben. Gießen Sie großzügig, aber nicht öfter als einmal in der Woche, außer an den Tagen unmittelbar nach dem Pflanzen. Im Hochsommer können Sie Blätter und Kletterhilfe ruhig gründlich nass spritzen. Achten Sie auf Hitzestaus, die durch starkes Reflektieren des Sonnenlichtes an einer sehr hellen Wand entstehen können. Die Blätter werden am besten von der Unterseite her besprüht.

Unkraut jäten

Es genügt, Unkraut von Hand zu entfernen oder leicht mit der Hacke die Erde zu lockern. Dabei sollten aber möglichst keine oberflächlichen Wurzeln verletzt werden. Regelmäßiges Mulchen unterdrückt das Keimen von Unkraut.

▼ Waldreben mögen es am Fuß schattig und in der Krone sonnig. Ein paar Ziegel um den Stängelgrund herum aufgestellt, spenden den nötigen Schatten ohne den Wasserzufluss zu behindern.

Schädlings- und Krankheitsbekämpfung

Die robusten Kletterer werden nur selten von Krankheiten und Schädlingen befallen. Eine Ausnahme bilden Blattläuse, Rost und Mehltau, sodass eine regelmäßige Kontrolle dennoch sinnvoll ist. Häufig ist für eine Ausbreitung von Krankheiten und Schädlingen eine besondere Wetterlage verantwortlich. Beim Einsatz chemischer Bekämpfungsmittel sollten Sie sich im Fachhandel beraten lassen und die Dosierungsvorschriften einhalten. Vergessen Sie nicht, die Blattunterseiten zu behandeln, da sich Schädlinge häufig gerade dort ansiedeln und vermehren. Während der Behandlung muss es windstill, trocken und nicht zu heiß sein. Tragen Sie eine Kopfbedeckung und Handschuhe.

Schutz gegen Kälte

Kälteempfindliche Pflanzen müssen im Topf oder an einem geschützten Platz kultiviert werden.

◀ Kiwipflanze: Wenn das Frühjahr naht, müssen strauchartige Kletterpflanzen beschnitten werden, damit sie in Form bleiben und sich gut entwickeln.

Eine junge Kletterpflanze zeigt sehr bald ihre Kraft, indem sie einen einzelnen festen Trieb entwickelt. Wenn Sie diesen Trieb oberhalb des vierten oder fünften wohlgeformten Blattes abschneiden (entspitzen), entsteht eine Verzweigung. Wird dieser Eingriff mehrmals wiederholt, erhält man eine buschige, prächtige Pflanze, die sich bereits von der Basis aus mehrfach verzweigt.

Sobald die Temperaturen deutlich unter 5 °C sinken, müssen die Pflanzen geschützt werden. Die Wurzeln und den Stängelgrund bedeckt man mit einer dicken Schicht Laub, Tannennadeln oder trockenen Farnblättern, über die Sie ein Drahtgeflecht oder Netz breiten. Sehr wirksamen Schutz bieten auch Wachstumsfolie oder Noppenfolie, allerdings ist die Anbringung nicht einfach. Entfernen Sie die schützenden Hüllen, sobald die starken Fröste vorüber sind.

Schnitt

Durch den Schnitt sollen Wachstum und Silhouette der Kletterpflanzen reguliert und die Blüte beeinflusst werden. Grundsätzlich sollten Sie jeden Trieb herausschneiden, der in die falsche Richtung wächst oder sich mit einem anderen Trieb kreuzt und dadurch Reibungen verursacht. Lichten Sie alles schwache, kranke oder tote Holz aus. Schneiden Sie alljährlich ein bis drei alte Äste heraus, damit sich neue blühfreudige Triebe bilden können, aber achten Sie darauf, dass die Pflanze über dem Wurzelhals nicht kahl wird.

Die richtige Zeit für den Schnitt ist der beginnende Frühling. Von Ende Februar bis in den März werden die Triebe zurückgeschnitten, die im Vorjahr geblüht haben. Das Ausputzen geschieht am besten, bevor der Winter beginnt.

▼ Die Weinrebe braucht einen strengen Schnitt. Die jungen Triebe werden bis auf wenige Augen über dem Spalier eingekürzt.

Vermehrung

Es gibt die verschiedensten Techniken, Pflanzen zu vermehren. Hier finden Sie die Verfahren (Stecklinge, Absenker und Samen), die man im eigenen Garten mit Erfolg durchführen kann.

Stecklinge

An Sträuchern schneiden Sie im Sommer mehrere Zweige ab, die möglichst nicht geblüht haben sollten. Entfernen Sie jeweils den zu stark verholzten unteren Teil und die krautige Spitze. Ein glatter Schnitt wird unter einer Triebknospe oder direkt unter einem Blatt gesetzt.

Stutzen Sie mit dem Messer sämtliche Blätter an der Basis der Stecklinge. Bitte nicht abreißen! Am oberen Teil verbleiben drei bis fünf Blätter. Nun werden die Stecklinge bis zum ersten Blatt in Töpfchen mit Anzuchterde gesetzt oder in Gartenerde, die mit Sand versetzt wurde. Halten Sie die Erde feucht und stülpen Sie eine Plastiktüte über den Topf. Bei etwa 20 °C ist eine schnelle Bewurzelung möglich. Entwickeln sich neue Blättchen, wird die Abdeckung entfernt.

Manche Arten lassen sich nicht so einfach vermehren. Versuchen Sie es trotzdem, indem Sie den Steckling mit dem unteren Ende in Bewurzelungspulver tauchen.

▲ Für die Stecklingsvermehrung schneidet man Zweige, die keine Blüten tragen. Im Bild: ein Geißblattsteckling.

▲ Tauchen Sie das untere Ende des Stecklings in ein Bewurzelungspräparat.

◀ Oft keimen die Samen sehr dicht. Dann muss ausgedünnt werden, sodass nur die kräftigsten Pflänzchen stehen bleiben.

Absenker

Wählen Sie an einer kräftigen Kletterpflanze einen Trieb in Bodennähe, der im Boden befestigt werden kann. Graben Sie ein Loch, in das ein mit Humus gefüllter Anzuchttopf passt. Die zu vermehrenden Triebe sollten etwa bleistiftdick sein und werden vor dem Einpflanzen schräg eingeschnitten. In diese Wunde schiebt man einen Kiesel oder ein Streichholz, damit sie offen bleibt und streut etwas Bewurzelungshormon darüber. Mit einer Schnur wird der Trieb nun so auf dem vorbereiteten Topf befestigt, dass er ständigen Kontakt mit dem Humus hat. Halten Sie die Erde im Anzuchttopf feucht. Sobald der Absenker sich bewurzelt, kann er von der Mutterpflanze abgetrennt und sofort eingepflanzt werden.

▼ Diese *Thunbergia* (Schwarzäugige Susanne) wächst in einem schwimmenden Container.

Vermehrung durch Samen

Die klassische Vermehrungsmethode für einjährige, teilweise mehrjährige Pflanzen eignet sich sogar für einige Sträucher wie Waldrebe oder Passionsblume. Allerdings erhalten Sie keine mit der Mutterpflanze identischen Nachkommen, sondern immer individuelle Neuzüchtungen. Nur durch die vegetative, also ungeschlechtliche Vermehrung, kann eine Gleichheit zwischen Mutterpflanze und Nachkommen garantiert werden.

Krankheiten und Schädlinge

Obwohl Kletterpflanzen sehr robust sind, können bei nachlässiger Kontrolle Krankheiten und Schädlinge überhand nehmen, die vor allem das Wachstum von Jungpflanzen stark beeinträchtigen.

Möglichkeiten der Behandlung

Prüfen Sie zunächst, ob die Ursache für den Schädlingsbefall ein Kultivierungsfehler ist: zu häufiges oder zu seltenes Gießen, falscher Dünger, zu wenig Wärme oder Licht, verspätetes Umtopfen, zu leichter oder zu schwerer Boden.

Sofern der Befall örtlich begrenzt ist, schneiden Sie die betroffenen Stellen heraus. Streuen Sie pulverisierte Holzkohle auf die Schnittstellen, um sie zu desinfizieren. Kranke Pflanzenteile dürfen Sie nie auf den Komposthaufen werfen, sondern müssen verbrannt werden, um die Krankheitserreger vollständig zu vernichten.

Wenn es sich um wenige Schädlinge handelt, können Sie diese mit der Hand entfernen und dann die Pflanze mit dem Wasserstrahl abspritzen. Ist der Befall jedoch zu groß, muss ein geeignetes Pestizid zum Einsatz kommen. Behandelt wird bei windstillem Wetter und bedecktem Himmel, um Verbrennungen zu vermeiden. Wiederholen Sie die Behandlung alle 12–15 Tage, bis alle Symptome verschwunden sind.

▼ Plötzliches Auftreten einer Pilzkrankheit: Die *Clematis* muss mit einem Fungizid behandelt werden. Bei sehr starkem Befall schneiden Sie die Triebe wenige Zentimeter über dem Boden ab, um gesunde Ranken nachwachsen zu lassen.

Pilzkrankheiten

■ Der **Echte Mehltau** erzeugt einen weißen Schimmelbelag. Entfernen Sie die am stärksten befallenen Blätter und behandeln Sie die Pflanze.

■ **Grauschimmelfäule** zeigt sich bei hoher Luftfeuchtigkeit an den Blattunterseiten als weißgrauer Filzbelag. Die Stängel verfärben sich, die Blätter vertrocknen und fallen ab.

■ **Rost, Falscher Mehltau, Sternrußtau** verursachen schwarze oder braune Flecken, die immer größer werden und zu Laubfall führen. Behandeln Sie mit einem Fungizid.

Schädlinge

■ **Blattläuse** stechen Triebe und Blattadern an und saugen den Saft heraus. Sie schwächen die Pflanze und übertragen oft Viren. Ihr klebriges Sekret, der Honigtau, lagert sich auf den Blättern ab und führt zum Befall mit Schwärzepilzen, die die Pflanze mit einer schwärzlichen pudrigen Schicht überziehen. Nach erfolgreicher Bekämpfung der Läuse verschwindet auch der Pilz. Dennoch empfiehlt es sich, die Blätter zu waschen, um den Belag, der die Atmung der Pflanze beeinträchtigt, schnell zu beseitigen.

▲ Kontrollieren Sie regelmäßig die Blätter (Ober- und Unterseite) und bekämpfen Sie Schädlinge unverzüglich.

■ **Schildläuse** (Schmierläuse oder Orangenschildläuse) heften sich oft an die Blattadern auf der Unterseite von Blättern. Bei geringerem Befall können die Blätter mit Schmierseife abgewaschen werden. Ein mit 90-prozentigem Alkohol oder Brennspiritus getränkter Wattebausch, mit dem die Schildläuse abgewischt werden, ist ebenfalls wirksam. Ansonsten hilft nur ein Spezialpräparat. Der ausgeschiedene Honigtau fördert auch die Ausbreitung von Schwärzepilzen.

■ **Weiße Fliegen** vermehren sich rasant den ganzen Sommer über. Sie zu bekämpfen ist schwierig und erfordert wiederholte und regelmäßige Behandlung mit einem geeigneten Insektizid.

■ **Spinnmilben** oder **Rote Spinnen** weben fast unsichtbare Netze, die man aber erkennen kann, wenn man zwischen den Blättern ein wenig Wasser vernebelt. Ihre sehr rasch wachsenden Kolonien sind meist die Folge einer Trockenperiode oder einer zu trockenen Umgebung. Gießen und Besprühen des Laubes vertreibt die Schädlinge.

Prüfen Sie vor allem die Blattunterseiten – dort befinden sich oft Insekten, Eier, Sporen – und die zarten jungen Triebe, die viel schneller von Schädlingen befallen werden.

◀ *Clematis* 'Barbara Jackman': Wie viele großblütigen Waldreben blüht diese Sorte im Mai/Juni und im September.

Pflanzgefäße und Kletterhilfen

Kletterpflanzen brauchen zwar am Fuß wenig Platz, dafür aber umso mehr in der Höhe und Breite. Können Sie sich nicht ausbreiten, verkümmern sie mitunter sogar. Solide Stützen sind in Anbetracht des zu erwartenden Gewichtes und Umfangs der ausgewachsenen Pflanze unerlässlich.

Töpfe, Tröge und Kästen

Einige Arten, die nicht sehr groß werden, können in großen Töpfen kultiviert werden. Sie brauchen genügend nährstoffreiche Erde, eventuell eine Drainageschicht aus Kieselsteinen und Sand und eine ausreichende Nährstoffzufuhr in Form von Langzeitdüngern.

Wählen Sie Töpfe, die mehr hoch als breit sind und vor die Kletterhilfen gestellt werden können. Um witterungsbedingte Schäden zu vermeiden, ist ein geschützter Standort empfehlenswert. Beim Bepflanzen der Töpfe werden zuerst Kieselsteine oder andere durchlässige Materialien eingefüllt, darüber kommt eine nährstoffreiche Erdmischung – geben Sie einige Handvoll Depotdünger hinein –, die so locker sein sollte, dass sie durch Gießwasser und Regen nicht verklebt.

Auch einige mehrjährige Arten gedeihen in Töpfen: Drillingsblumen *(Bougainvillea)*, Geißblatt *(Lonicera x brownii* und *Lonicera sempervirens)*, Waldreben *(Clematis alpina, Clematis montana, Clematis texensis)*, Hopfen *('Aureus')*, Jasmin-Sorten, Sternjasmin *(Jasminum officinale, J. grandiflorum)*, Efeu, Muehlenbeckien, Passionsblumen.

Mauern

Die Festigkeit einer Mauer bietet für viele Kletterpflanzen optimale Bedingungen. Pflanzen Sie laubwerfende und ausdauernde Pflanzen nebeneinander oder schmücken Sie Türen mit besonders duftenden Pflanzen.

◄ Linke Seite: Jede Spalierform ist denkbar und möglich. Auf dieser Abbildung sehen Sie ganz ungewöhnliche Spaliere aus Nussbaum, Weide oder Kastanie.

▼ *Lonicera x brownii:* Dieses herrliche, nicht sehr wüchsige Geißblatt ist ideal, um eine relativ schattige Mauer zu schmücken.

An einer Mauer herrschen höhere Temperaturen als an anderen Stellen des Gartens. Dort ist deshalb ein guter Standort für eine kältempfindliche Art. Damit die Triebe schneller Halt finden, benutzt man „Klematisnägel". Diese haben eine Spitze aus Metall, die mit einem Hammer in die Unterlage geschlagen werden. An einer weichen Lasche befestigt man die Triebe.

Eisendraht

Zwischen Pfosten gespannt oder in Reihen auf einer Mauer befestigt, ermöglichen solche Drähte, Triebe anzuspalieren. Die unterste Reihe wird 50–60 cm über dem Boden gezogen, darüber werden die Drähte in Abständen von etwa 30 cm gespannt. Verwenden Sie galvanisierten Eisendraht, der mit einer grünen Kunststoffschicht ummantelt ist und unter dem Blattwerk verschwindet. Der Abstand der Drähte zur Mauer soll mindestens 5 cm betragen. Mithilfe von Spannern lassen sich die Drähte regelmäßig nachziehen. Die Spannweite der Drähte darf nicht mehr als 3–4 m betragen.

▲ An einem Drahtgitter können sich die Pflanzen festhaken, ohne zu dicht an der Mauer zu wachsen.

▼ Ein kleiner Bogen, ein Säulengang oder ein Gartenhäuschen sind gleichermaßen für eine Begrünung mit Kletterpflanzen geeignet.

Drahtzäune

Sie sehen oft hässlich aus und müssen meist hinter Kletterpflanzen versteckt werden. Hier sollten Sie sich für ausdauernde Pflanzen entscheiden, die Sie in der schönen Jahreszeit durch bunt blühende Einjährige verschönern können.

Gitter

Alle möglichen Formen und Größen sind im Handel erhältlich. Sie werden meist gut sichtbar im Garten aufgebaut, indem man sie im Abstand von mindestens 5 cm auf Unterlegklötzen, die in regelmäßigen Abständen angebracht werden, vor Mauern setzt. Gitter dürfen nicht mit schweren und starkwüchsigen Pflanzen belastet werden.

Pergolen und Bögen

Blühende Gewölbe entstehen durch die Anordnung einfacher oder doppelter Bögen und machen jeden Spaziergang zu einer Märchenreise. Die Bögen müssen an unterirdischen Betonklötzen fest verankert werden, denn das Gewicht der Pflanzen, darf nicht unterschätzt werden.

▲ Eleganter von Wein bewachsener Laubengang. Ein rigoroser Schnitt entlastet die Stützen. Am Fuß jeder Pflanze wachsen Kissen von goldenem Majoran.

Lauben und Gartenhäuschen

Diese klassischen Elemente der Gärten des 19. Jahrhunderts kommen wieder stark in Mode. Sie dienen als hölzerne oder metallische Gerüste für den Bewuchs mit Pflanzen, spenden Schatten und werden zu echten Wohnzimmern im Freien.

Schutzgatter, Bauzäune, Einfriedigungen

Sie werden oft benutzt, um einen Garten in zwei Hälften zu unterteilen, eine störende Aussicht zu verschönern oder einen Komposthaufen zu verbergen. Wenn man sie unter Kletterpflanzen verdeckt, die nicht unaufhaltsam wachsen, können Sie Ihren Garten auf diese Weise durchaus aufwerten.

◀ Die Weinrebe hat sich perfekt an die Architektur dieser Backsteinmauer angepasst.

Die richtige Wahl treffen

Kletterpflanzen für besondere Fälle	
Für schattigen Standort, Nord- oder Ostlage	*Akebia quinata* *Celastrus orbiculatus* *Hedera* *Humulus lupulus* *Hydrangea* *Lonicera americana* *Lonicera x brownii* *Lonicera heckrottii* *Lonicera sempervirens* *Lonicera x tellmaniana* *Schizophragma* *Vitis*
Bei belasteter Umwelt	*Fallopia baldschuanicum* *Hedera* *Hydrangea* *Parthenocissus*
Für alkalische oder kalkreiche Böden	*Akebia quinata* *Campsis radicans* *Jasminum officinale* *Wisteria sinensis* *Vitis*
Winterschmuck mit bleibendem Laub	*Clematis armandii* *Ficus* *Hedera* *Jasminum mesnyi* *Lonicera* (bestimmte Arten) *Muehlenbeckia* (bestimmte Arten) *Passiflora* *Trachelospermum*

Die richtige Wahl auf einen Blick

	Sonne	Halbschatten
Strauchartige Kletterpflanzen	Akebie Blauregen Drillingsblume (in mildem Klima) Efeu panaschiert Flügelknöterich Geißblatt Jasmin Jungfernrebe Kiwipflanze Kletterrosen Muehlenbeckie Passionsblume Pfeifenwinde Trompetenblume Waldrebe Weinrebe	Blauregen Chinesische Efeu Flügelknöterich Geißblatt Jungfernrebe Kletterhortensie Waldrebe
Mehrjährige	Erbse (ausdauernd) Hopfen 'Aureus' Ruhmeskrone	Hopfen 'Aureus' Winter-Jasmin
Einjährige	Feuerbohne Glockenrebe Kapuzinerkresse Koloquinte Prunkwinde Schönranke Schwarzäugige Susanne Sternwinde Wicke	Hopfen 'Variegatus'
Veranda	Jasmin Passionsblume Sternjasmin Weinrebe	

Pflanzenporträts von A bis Z

Akebie

Akebia
Akebia quinata
Strauch

Lardizabalengewächse

Im Schmuck ihrer ersten Blätter wirkt die Akebie durchaus ungewöhnlich. Die Trauben aus purpurfarbenen Blüten verströmen einen zarten Duft.

Äußere Erscheinung

Je nach Standort schmückt sich diese 7 – 10 m lange windende Kletterpflanze mit prächtigem immergrünen oder sommergrünen Laub. Jedes Blatt besteht aus drei oder fünf Blättchen, daher der Name Fingerblättrige Akebie *(Akebia quinata)*.

Die Blätter sind im Frühling zartgrün, werden im Sommer dunkler und nehmen auf der Unterseite eine bläuliche Färbung an. Von April bis Mai bilden sich in Trauben stehende Blüten. Dabei werden die dunkelpurpurroten weiblichen, von den an der Spitze der Traube sitzenden, rosafarbenen männlichen Blüten befruchtet. Die Blüten verströmen einen angenehmen Duft nach Vanille.

Wenn der Sommer lang und heiß ist, entwickeln sich im September und Oktober 5 – 10 cm lange gurkenförmige, violett bereifte Früchte.

Die Pflanze ist leicht genug, um als Zierde an einem Baumstamm oder einer immergrünen Hecke gezogen zu werden. Wenn man sie spalierartig an einer Laube oder einer Pergola wachsen lässt, spendet sie angenehmen Schatten.

◀ Das hellgrüne Laub ist ein Blickfang an jeder Mauer.

Kultivierung

Die pflegeleichte Pflanze lässt sich in ihrem Wachstum gut regulieren. Ihre windenden Triebe heften sich von allein an die angebotene Kletterhilfe und wachsen sehr schnell in leichtem, kühlem Boden bei Sonne bis Halbschatten. Gepflanzt wird zwischen Oktober und Februar an einem geschützten warmen Standort. Akebien sollten, nachdem sie angewachsen sind, nicht mehr verpflanzt werden.

Pflege

Gelegentliches Gießen im Frühjahr fördert das Wachstum dieser robusten, überhaupt nicht krankheitsanfälligen Pflanze. Mulchen Sie den Boden über den Wurzeln, damit die Erde schön feucht bleibt, und führen Sie die ersten Sprosse an die Kletterhilfe heran. Beschneiden Sie die Pflanze direkt nach der Blüte, damit sie eine schöne Silhouette behält.

Die Vermehrung geschieht durch Stecklinge oder Absenker.

HÄTTEN SIE'S GEWUSST?

Im 19. Jahrhundert war die Akebie in unseren Gärten sehr verbreitet, verschwand dann aber ohne ersichtlichen Grund aus den Rabatten. Die Pflanze kam 1845 aus China und hat sich wegen ihrer Besonderheit und ihrer Frosthärte bewährt. Sie verdient es, wiederentdeckt zu werden, eignet sie sich doch für große und kleine Gärten. In Asien werden die Triebe und Früchte medizinisch zur Blutreinigung und als harntreibendes Mittel verwendet.

Blauregen

Wisteria
Strauch

Hülsengewächse

▲ Die gefüllten Blüten der *Wisteria floribunda* 'Violacea Plena' duften nur schwach.

Der Blauregen (Glyzine, Wisterie) zählt fraglos zu den prächtigsten früh blühenden Kletterpflanzen. Von biegsamen Lianen gehalten, zeigt die Pflanze kräftigen Wuchs und blüht mit duftenden Schmetterlingsblüten. Der winterharte Blauregen verträgt Temperaturen bis – 20 °C.

Wisteria floribunda, der Japanische Blauregen, bekommt 10 m lange Triebe mit 20 – 30 cm langen sommergrünen Blättern. Die mindestens 20 cm langen blauvioletten, rosa oder weißen, duftenden Blütentrauben erscheinen im Frühsommer. 1830 gelangte *Wisteria floribunda* nach Europa. Zahlreiche bildschöne Sorten stammen von ihr ab:

- 'Alba' mit weißen, manchmal lila gefleckten, stark duftenden Blüten, die in 50 – 60 cm langen Trauben herabhängen;
- 'Macrobotrys' mit lila Blüten, mit einem gelben Punkt am hinteren Blütenblatt, deren Trauben mit einer Länge von 0,9 – 1,20 m zu den größten der Gattung zählen;
- 'Honbeni' (syn. 'Rosea') mit purpurfarbenen, 50 – 60 cm langen Blütentrauben und kräftig rosafarbenem hinterem Blütenblatt;

Blauregen wächst in durchlässigem und fruchtbarem Boden, der auch leicht kalkhaltig sein kann.

Die japanischen Wisterien winden sich linksherum, die chinesischen hingegen rechtsherum.

◀ Weißer oder violetter Blauregen kann auch als Strauch gezogen werden. Die Blütentrauben hängen dann von dem verzweigten Stamm herab.

• 'Violacea Plena', lila blühend, mit gefüllten, allerdings kaum duftenden Blüten.

▼ Die langen Blütentrauben des Japanischen Blauregens sind weiß, violett, bläulich, bei der Sorte 'Honbeni' sogar rosafarben.

Aus ***Wisteria x formosa***, einer Kreuzung zwischen *W. sinensis* und *W. floribunda*, wurden hübsche Sorten gezüchtet:

• 'Issai' mit 15 – 20 cm langen Trauben in Blauviolett;

• 'Alba', die sehr wüchsig ist (25 m hoch und mehr) mit blasslila Blüten an 25 cm langen Trauben gegen Ende des Frühlings; diese weniger robuste Sorte verträgt höchstens –15 °C.

Wisteria frutescens, eine aus Amerika stammende Art, ist weniger wüchsig (8 – 10 m) als die asiatischen und trotz ihrer Qualitäten in unseren Gärten selten zu sehen. Im Juni erscheinen ihre malvenfarbigen duftenden Blüten mit gelbem Fleck in kurzen Trauben von 15 – 20 cm. Empfehlenswerte Sorten: 'Magnifica' und 'Nivea'.

Wisteria sinensis, der Chinesische Blauregen, wird in unseren Gärten am häufigsten angetroffen. Mit einer Höhe von 30 m und mehr ist sie gewiss die wüchsigste Art. Die duftenden mauve-, fliederfar-

▲ Die stark duftenden Blüten des Chinesischen Blauregens öffnen sich in abgestuften Farbnuancen und verblassen allmählich.

benen oder hellblauen Blüten sitzen an 20–30 cm langen Trauben und öffnen sich im Frühsommer; manchmal kommt es zu einer sommerlichen Nachblüte. Die blassgrünen flaumigen Laubblätter erscheinen erst nach der Blüte.

Nennenswert unter den zahlreichen Sorten sind:

- 'Alba', weiß blühend ab Mitte Mai und wohlriechend;
- 'Black Dragon' mit gefüllten Blüten in dunklem Purpurrot im Mai;
- 'Jacko' mit stark duftenden helllila Blüten Mitte Mai;
- 'Flore Pleno' mit gefüllten violetten Blüten Ende Mai;
- 'Prolific' mit einer Fülle sehr langer gleichmäßig blauer Blütentrauben Anfang Mai;
- 'Sierra Madre', lavendelfarben blühend mit helleren Blüten, intensiv duftend.

Wisteria venusta, der Seidige Blauregen, ist eine Züchtung japanischer Gärtner, von der es keinen Wildtyp gibt. Die Art wird nur 9 m hoch und die zart duftenden weißen Blüten mit gelbem Fleck sind in 10–15 cm langen dicken Trauben angeordnet. Im Mai/Juni blühen sie gruppenweise und wirken unglaublich dekorativ.

Kultivierung

Wisterien brauchen einen geschützten, sonnigen bis halbschattigen Standort (Hausfassade, Mauer, Pergola) und eine sehr solide Stütze, die das enorme Gewicht tragen kann. Ein regelmäßiger Rückschnitt ist unabdingbar, sonst wuchern Wisterien hemmungslos.

Pflanzen Sie Wisterien zwischen Oktober und März mit ausreichendem Abstand zur Stütze, vor allem, wenn es sich um eine Mauer handelt; nur dann kommen der Pflanze Regenfälle und die natürliche Bodenfeuchtigkeit zugute. Bedecken Sie den Boden um die Pflanze mit Mulch.

Pflege

► Rechte Seite: Japanischer Blauregen 'Macrobotrys'; die mehr als 1 m langen Blütentrauben spiegeln sich im Wasser.

Blauregen blüht an kleinen Seitentrieben, die aus den Haupttrieben sprießen. Werden im Sommer die langen Seitentriebe etwa um die Hälfte eingekürzt, fördert das die Blütenbildung; im Winter schneidet man diese Triebe bis über dem dritten Auge (Blattansatz) von der Basis aus zurück. Haupt-

An einem unschönen Hang lässt sich Blauregen ausgezeichnet als Bodendecker ziehen.

► Chinesischer Blauregen in voller Blüte

trieb zurückschneiden und Seitentriebe anspalieren, bis die gewünschte Form erreicht ist.

Störendes totes Holz und überzählige Zweige werden regelmäßig herausgeschnitten. Die Bildung der Blütensporne entlang dem Tragwerk garantiert eine üppige Blüte. Allerdings benötigen Wisterien sechs bis acht Jahre, um zur vollen Blüte zu gelangen.

Nützliche Hinweise

Ein zu fetter Boden oder zu hohe Düngergaben fördern die Blattbildung auf Kosten des Blütenwachstums. Auch zu wenig Sonne kann eine mäßige Blüte zur Folge haben.

Falls Sie in Ihrem Garten wenig Platz haben, lassen Sie eine Wisterie als schirmförmigen „Baum“ wachsen, den Sie allerdings regelmäßig streng beschneiden müssen.

HÄTTEN SIE'S GEWUSST?

Der Blauregen wurde 1816 aus China eingeführt und erhielt dem Anatom Gaspar Wistar (1761 – 1818) zu Ehren seinen Namen. In China werden die Samen der Pflanze als harntreibendes Mittel geschätzt.

Beim Kauf von Wisterien gibt es starke Preisunterschiede. Die aus Samen gezogenen, schnell wachsenden Pflanzen sind nicht teuer, blühen allerdings spärlich. Gepfropfte Pflanzen aus der Gärtnerei erfordern einen hohen Arbeitsaufwand und kosten mehr. Allerdings haben Sie die Gewissheit, dass die Pflanze Ihrer Wahl sortenrein ist und reich blühen wird.

Drillingsblume

Bougainvillea Wunderblumengewächse
Strauch

Die Drillingsblume ist die bekannteste Kletterpflanze tropischer Herkunft. Bei mildem Klima wächst sie im Freiland oder verbringt den Winter auf einer geschützten Veranda.

Äußere Erscheinung

In südlichen Ländern und am Mittelmeer schätzt man die Drillingsblume wegen ihrer üppigen leuchtenden „Blüten". In Wirklichkeit besteht dieses farbige, dekorative Gebilde aus drei Deckblättern, so genannten Brakteen, die drei kleine, zartgelbe und kaum sichtbare Röhrchen umhüllen – die Blüte. Die Langlebigkeit der Blüte wird durch die Brakteen gewährleistet, bei denen es sich um umgewandelte Blätter handelt. In den warmen Ländern, die keinen Frost kennen, blüht die Drillingsblume ununterbrochen. Bei uns bilden sich die Blüten nur zwischen April und Oktober.

Der lange Blütenreichtum und der pflegeleichte Charakter machten die Bougainvillee als Kreuzungspartner interessant. Aus der Kreuzung zwischen *B. peruviana* und *B. spectabilis* entstand Anfang des 20. Jahrhunderts in Kolumbien *Bougainvillea x buttiana*, eine herrliche Hybride sowie zahllose Sorten

Der französische Botaniker Philibert Commerson, Reisegefährte des berühmten Seefahrers und Naturforschers Antoine de Bougainville, entdeckte die Pflanze in Brasilien und gab ihr den Namen seines Freundes.

▲ Die Sorte 'Jennifer Ferry' hat weiße Deckblätter.

in einem Farbenspektrum von weiß über rosa bis schwarzbraun. Die Bougainvillea-Hybriden haben dornenbewehrte Triebe und in frostfreien Gebieten ausdauerende, ansonsten sommergrüne Blätter. Sie können 4 – 6 m hoch werden.

Kultivierung

Die Drillingsblume braucht viel Sonne, um zur Blüte zu kommen. An den Boden stellt sie keine besonderen Ansprüche, abgesehen von einer sehr guten Dränage, denn die Wurzeln vertragen vor allem im Winter keine Nässe. Bei jungen Pflanzen wird das Wachstum durch Düngergaben gefördert.

Pflege

Ein Pflegeschnitt ist ratsam, um den Wuchs zu lenken und die Schönheit der Pflanze ins rechte Licht zu setzen. Schneiden Sie deshalb totes Holz und ungünstig stehende Triebe heraus. Sehr kräftige Jungtriebe werden auf 50 – 60 cm gekürzt. Auf diese Weise wird ein dichter und regelmäßiger Wuchs gefördert. Bei der erwachsenen Pflanze schneidet man in jedem Winter einen Trieb heraus, der älter als zwei Jahre ist, um den Austrieb neuer blühfreudiger Triebe anzuregen.

Bei Frostgefahr, häufeln Sie im Herbst Erde um den Wurzelhals der Bougainvillee und schützen die Triebe durch Wachstumsfolie, die Sie im zeitigen Frühjahr abnehmen müssen, damit die Triebe Licht bekommen.

Im Gewächshaus oder auf der Veranda ist Befall mit Schildläusen und Roten Spinnen möglich. Besprühen Sie die Pflanze gegebenenfalls mit Wasser und bekämpfen Sie Schädlinge mit Spezialpräparaten. Halten Sie den Wurzelballen feucht und geben Sie im Sommer mit dem Gießwasser einen flüssigen Dünger.

▼ Bei 'Turkish Delight' ist das Laub cremefarben panaschiert (gescheckt).

Vermehrung

Schneiden Sie im Frühjahr Stecklinge oder bei Herbstbeginn Triebe von gut verholzten Zweigen. Wenn eine Bewurzelung gelingen soll, ist eine Temperatur von mindestens 24 °C erforderlich und Bodenwärme obligatorisch.

Efeu

Hedera
Strauch

Araliengewächse

Die meisten Leute glauben, sie wüssten alles über Efeu und darüber, wie er Mauern mit seinem immergrünen Laub und Luftwurzeln schmückt. Bei näherer Betrachtung der Gattung *Hedera* wird jedoch schnell klar, dass man nur wenig über die vielen Arten und Sorten weiß.

Hedera canariensis, der Kanarische Efeu oder Madeira-Efeu hat große herzförmige (15 – 20 cm) leuchtend grüne Blätter, die sich im Winter rotbraun verfärben. Diese Art ist weniger robust als *Hedera helix*, der Gewöhnliche Efeu, verträgt aber Frost bis –5 °C. Er sollte in sehr durchlässigen, eher trockenen Boden gepflanzt werden.

- Die schnell wachsende Sorte 'Gloire de Marengo' ist cremefarben oder gelb panaschiert (gescheckt) und macht diesen Efeu zu einem hellen Blickfang.
- 'Striata' hat ungelappte dunkelgrüne Blätter mit einem helleren oder gelben Herzen und ist eine Sorte, die oft als Zimmerpflanze verkauft wird, sich aber ebenso hübsch als Zierde eines schattigen Pavillons oder einer Veranda ausnimmt.

In den Städten hellt der Efeu die kleinen, oft dunklen Hinterhöfe auf, die man häufig mit den leuchtend panaschierten oder geäderten Kultivaren begrünt.

▲ Der langsam wachsende Efeu 'Sagittifolia Variegata' hat fünflappige cremeweiß gemusterte Blätter.

Hedera colchica, der Kolchische Efeu, bekommt leuchtend dunkelgrüne, lederartige ovale Blätter; mit 10 – 20 cm Länge zählen sie zu den größten der Gattung. Dieser elegante wüchsige Efeu verträgt Temperaturen bis – 15 °C.
Zwei schöne Sorten seien genannt:
• 'Dentata Variegata' mit großen hellgrünen, blassgelb gescheckten Blättern;
• 'Sulphur Heart', eine lebhaft grüne Sorte mit hellgrün bis gelb gestreiftem Herzen. Diese Sorte ist wüchsig und begrünt schnell Mauern und Fassaden.

Hedera helix, der Gewöhnliche Efeu, ist der frosthärteste Kletterer (bis – 20 °C). Aus ihm sind zahllose Sorten hervorgegangen, die im Allgemeinen jedoch frostempfindlicher (von – 5 bis – 10 °C) sind:
• Die goldgelben Blätter an den jungen Trieben von 'Buttercup' werden mit zunehmendem Alter blassgrün; diese Sorte braucht einen hellen, geschützten Standort.
• Die 5 – 6 cm großen dreilappigen Blätter von 'Cavendishii' sind mittelgrün, am Rand mit cremegelber Zeichnung; er eignet sich sehr gut zur Begrünung.
• 'Digitata' hat dunkelgrüne, tief eingeschnittene fünflappige Blätter, ähnlich wie die Finger einer Hand.
• 'Glacier' ist ein sehr wüchsiger Efeu mit kleinen graugrünen, silbern panaschierten und cremefarben geränderten Blättern.
• Die relativ langsam wachsende Sorte 'Goldheart' (syn. 'Oro di Bogliasco') ist ein klassischer Efeu mit cremefarbenen bis gelb panaschierten Blättern.

▼ 'Goldheart' ist ein sehr kräftiger Efeu.

• 'Ivalace' wächst sehr buschig mit kupferfarbenen Reflexen im Winter und ist ideal zum Begrünen von sonnenarmen Mauern in Nordlage.
• 'Midas Touch' hat goldgelbe und cremefarben gemusterte ovale Blätter und rote Triebe.
• Die dreilappigen, 3 – 5 cm großen dunkelgrünen Blätter von 'Minor marmorata' sind cremeweiß gefleckt. Auch diese Pflanze eignet sich vorzüglich für eine Mauer in reiner Nordlage.

Hedera hibernica, der Irische Efeu mit dunkelgrünen Blättern ist frosthart bis – 15 °C und neigt zu ausuferndem Wachstum.

• 'Parsley Crested' ('Cristata') hat fast runde, blassgrün geäderte, 4–6 cm große Blätter mit gewelltem Rand, die im Winter kupferfarben schimmern.
• 'Pedata' hat stark eingebuchtete fünflappige Blätter.
• 'Sagittifolia' hat sechslappige Blätter, der Mittellappen ist dreieckig geformt.

▲ Efeu lässt sich an einer Mauer streng und gleichmäßig zu Girlanden, Rauten oder anderen Mustern beschneiden.

Kultivierung

Mit Recht gelten Efeupflanzen als unverwüstlich, denn sie sind mit fast jedem Boden, jeder Lage, sogar tiefem Schatten zufrieden und vertragen selbst verschmutzte Luft.

Pflanzen Sie die Wurzelballen von Oktober bis April möglichst in durchlässigen Boden, der im Sommer kühl bleibt. Gießen Sie wenn nötig, damit die jungen Pflanzen gut angehen. Mit den gering wüchsigen Arten und Sorten kann man besonders im Winter Töpfe schmücken. Mit den sehr wüchsigen Sorten lässt sich dagegen in kurzer Zeit ein abgestorbener Baum begrünen oder eine sehr schattige, kaum bepflanzbare Fläche.

Pflege

Schneiden Sie wuchernde Triebe zurück. Wenn Sie am Meer leben, spritzen Sie das Laub nach heftigen Stürmen mit Süßwasser ab, um Salzablagerungen zu entfernen.

Vermehrung

Schneiden Sie Stecklinge mit Luftwurzeln oder stellen Sie einen Trieb einfach in Wasser. Die Wurzeln bilden sich schnell. Es genügt, wenn Sie die bewurzelten Stecklinge in Töpfchen mit lockerer Erde pflanzen.

Ebenfalls einfach und erfolgreich ist die Vermehrung durch Absenker.

HÄTTEN SIE'S GEWUSST?

Oft unterscheiden sich die Blätter nicht fruchtender Triebe von den fruchtbaren. Letztere haben keine Luftwurzeln und bilden im Frühjahr unscheinbare grünliche Blüten, die Bienen und andere bestäubende Insekten anlocken. Danach entwickeln sich Früchte in Form glänzend schwarzer Beeren. Wenn Sie diese pflücken, bevor sie reif sind, können Sie sie trocknen und in Trockensträuße binden oder anderweitig dekorativ verarbeiten.
Die goldgelben Sorten sind oft empfindlicher gegenüber Frost, starker Sonne oder Wassermangel.

▲ Efeufrüchte an fruchtendem Trieb

Feuerbohne

Phaseolus coccineus Hülsengewächse
Einjährige

Diese Bohne mit windenden Trieben bildet richtige grüne Vorhänge. Die bunten Blüten sind sehr dekorativ.

Phaseolus coccineus wickelt seine 2–2,5 m langen Triebe um jede Stütze. Die rauen Blätter begrünen sehr rasch Gitter, Rankwände oder Bögen. Von Juni bis Oktober heben sich die weißen oder roten Blütentrauben deutlich von den Blättern ab. Danach erscheinen längliche Schoten, in denen die Bohnenkerne sitzen. Zwei Sorten sollte man sich merken:

- 'Albiflorus' mit weißen Blüten und Samen;
- 'Bicolor' mit weißen und roten Blüten und braun gefleckten grünen Samen.

Die Vermehrung geschieht ausschließlich durch Samen. Die Samen kann man jedes Jahr ernten, wenn sie reif sind.

Kultivierung

Legen Sie die Bohnenkerne im April/Mai in nährstoffreichen, frischen und besonnten Boden. Gießen Sie regelmäßig, damit die Samen gut keimen. Eine Mulchschicht im Sommer verhindert, dass der Boden zu schnell austrocknet. Geben Sie den Feuerbohnen eine luftige, grobmaschige Stütze, damit sie rasch zu einer grünen Wand heranwachsen können.

Flügelknöterich

Fallopia
Strauch

Knöterichgewächse

Seine außerordentliche Wüchsigkeit lässt ihn oft als Unkraut erscheinen, doch sollte diese Eigenheit eher positiv gesehen werden: Nur wenige Pflanzen sind im Stande, eine Mauer so schnell und so hoch zu bedecken.

Die aus Tibet oder Westchina stammende ***Fallopia aubertii*** wird von Botanikern mittlerweile zu ***Fallopia baldschuanica*** gerechnet. In einzelnen Merkmalen unterscheiden sie sich dennoch: *F. aubertii* hat rötliche Jungtriebe, leuchtend grüne, herzförmige Blätter, wenig verholzte, rein weiße, mitunter grünliche Triebe. Außerdem zeigt sie eine geringere Wüchsigkeit.

Fallopia baldschuanica, der Schling-Flügelknöterich oder Silberregen stammt aus Zentralasien. Er kann jährlich mehr als 6 m lange Triebe hervorbringen, die sich um die geringste Unebenheit klammern und wickeln. Mit der Zeit wächst der Strauch bis zu 15 m hoch und höher. Die länglichen blassgrünen Blätter wirken ziemlich stumpf. Die unzähligen, sehr leichten Blütenstände sind weiß, schimmern zartrosa und

In der Gattung *Fallopia* zählen nicht alle Arten zu den Sträuchern oder Halbsträuchern. Es gibt ebenso Stauden und auch Einjährige.

▲ Der Flügelknöterich gibt sich mit den schlechtesten Kulturbedingungen zufrieden, wächst aber häufig schneller als gewünscht.

bilden kleine rotbraune Früchte, die geflügelt sind und bei Winterbeginn sehr dekorativ aussehen.

Kultivierung

Jeder Boden, jede Lage ist geeignet. Lediglich für eine solide Stütze muss gesorgt werden, um dieser Pflanze, die eine beachtliche Größe erreichen kann, den nötigen Halt zu geben. Ist der Flügelknöterich erst einmal im Garten heimisch geworden, wird man ihn kaum wieder los.

Er erobert selbst den geringsten Halt und bildet über viele Monate einen wolkenähnlichen weißen Blütenflor, hinter dem sich viele unschöne Ecken im Garten verbergen lassen.

Kontrollieren und beschneiden Sie die Verzweigungen, sobald die Pflanze die gewünschte Größe erreicht hat. Lassen Sie den Knöterich nicht in Bäume klettern, die er schon bald überwuchert. Durch kräftigen Schnitt wird sein Wachstum keinesfalls beeinträchtigt.

Vermehrung

Sammeln Sie junge Pflanzen, die aus Samen hervorgegangen sind. Außerdem ist Stecklingsvermehrung von halbverholzten Trieben im Sommer oder verholzten im Winter möglich, ebenso wie die Vermehrung durch Absenker und Ableger.

► Zögern Sie nicht, wilde Triebe des Knöterichs herauszuschneiden, um sein Wachstum zu bremsen. Der weiße schwebende Blütenflor erfreut den ganzen Sommer über.

Geißblatt

Lonicera
Strauch

Geißblattgewächse

Unter der großen Gattung Geißblatt, auch als Heckenkirsche bekannt, werden laubabwerfende oder immergrüne Sträucher und Kletterpflanzen zusammengefasst.

Äußere Erscheinung

Lonicera x brownii (*L. sempervirens* x *L. hirsuta*) ist eine laubabwerfende oder halbimmergrüne, wüchsige (4 – 5 m) und frostharte (bis –20 °C) Art. Das bläulich schimmernde Blattwerk und die büschelweise nach oben gerichteten rotorangefarbenen Blüten, die im Frühsommer erscheinen, erinnern an *L. sempervirens*. Allerdings duftet *L. x brownii* nicht.

Zwei Sorten sind vor allem nennenswert: Die lang blühende 'Dropmore Scarlet' und 'Fuchsioides', die am Beginn und gegen Ende der Saison zahlreiche orange-scharlachrote Blütenbüschel bildet.

Das Geißblatt der Wälder hat regional viele verschiedene Namen: Pfingstkraut, Jungfernkraut, Ziegenkohl, Ziegenbart, Jelängerjelieber, Waldgeißblatt …

Lonicera caprifolium, das Wohlriechende Geißblatt oder Jelängerjelieber, kann 7 – 8 m hoch werden. Die bläulichgrünen Blätter sind an der Basis becherförmig um den Trieb zusammengewachsen. Die Blüten sind cremeweiß und im

Geißblatt ist eine wuchernde Kletterpflanze, was durchaus erwünscht sein kann. Das alte Holz muss regelmäßig ausgeputzt werden. Dadurch wird das Austreiben junger blühfreudiger Triebe zum Winterende gefördert.

Sommer rosig überhaucht; sie verströmen einen zarten Duft. Nach der Blüte entwickeln sich sehr dekorative, leuchtend orangerote Beeren. Dieses Geißblatt ist eines der schönsten, das im Halbschatten und stets kühlem Boden gedeiht.

Lonicera etrusca, das Toskanische Geißblatt, ist ein halbimmergrüner, wüchsiger Kletterer, der nicht höher als 4 m wird. Die leicht fiedrigen, ovalen Blätter sind an der Unterseite bläulich. Der duftende Blütenflor ist zunächst blassgelb und dunkelt dann allmählich im Sommer oder Herbst ins Rot, bevor rote Beerenfrüchte erscheinen. Die Pflanze ist frosthart bis –10 °C. Dieses Geißblatt ist ideal für einen voll sonnigen Standort. Die anderen Arten mögen es lieber schattig und – zumindest an den Wurzeln – kühl.

Lonicera x heckrotii ist eine elegante Hybride aus *L. x americana* und *L. sempervirens*. Diese wenig wüchsige Art mit ovalen, an der Unterseite bläulichen Blättern wird kaum höher als 3 m. Die rosafarbenen, innen gelben Blüten stehen deutlich getrennt von den Blättern und duften sehr stark den ganzen Sommer über. Im Herbst bilden sich dann hübsche rote Beeren. Dieses langsam wachsende Geißblatt eignet sich für kleine Gärten, Terrassen oder, in großen Töpfen gehalten, für Balkons.

▼ Dass sich Geißblatt nur im Halbschatten wohlfühlt, stimmt nicht ganz. Das Toskanische Geißblatt (*Lonicera etrusca*) bevorzugt volle Sonne.

Lonicera henryi stammt aus China und ist ein ausdauernder, wüchsiger (10 m hoch) und sehr frostharter (bis –25 °C) Kletterer. Seine Blätter sind länger, dunkler und glänzender als die der anderen Arten. Die im Sommer erscheinenden orangepurpurroten Blüten sind eher bescheiden. Nach der Blüte entwickeln sich zahlreiche schwarze Beeren.

Lonicera japonica stammt ebenfalls aus Asien. Sie ist immergrün oder halbimmergrün, wüchsig (10 m hoch) und sehr frosthart (bis –25 °C), wächst sehr rasch zu einem hübschen Gewirr von Zweigen heran, die gegen Ende des Frühjahrs und im Sommer duftende weiße Blüten tragen. Diese werden mit der Zeit gelb und im Herbst von kleinen leuchtend schwarzen Beeren abgelöst. Unansehnliche Flächen können durch die Pflanze rasch begrünt werden, auch einen strengen Rückschnitt im Frühjahr verträgt sie gut. Nach dem Beschneiden wächst die Pflanze wieder zur früheren Größe heran.

'Aureoreticulata' blüht nur selten, aber die wie von einem gelben Netz überzogenen Blätter sind ausgesprochen dekorativ. Diese weniger wüchsige Sorte ist frostempfindlicher. Die Sorte 'Halliana' ist fraglos die beste Wahl innerhalb dieser stark duftenden Art.

▲ Das Trompeten-Geißblatt trägt den ganzen Sommer über nicht duftende, trompetenförmige Blüten. Eine schöne, sehr frostharte Pflanze.

Lonicera periclymenum oder Waldgeißblatt wächst wild an Bäumen und Hecken. Es bildet wüchsige (7 – 10 m hoch) Triebe, sommergrünes Laub und herrlich duftende Blüten, die anfangs weiß sind, im Hochsommer blassgelb oder blassrosa werden und im Herbst lebhaft rote Beeren entwickeln.

Wählen Sie möglichst die Sorten 'Belgica' oder 'Serotina', sie sind eleganter als die Stammpflanze. 'Belgica' wächst weniger dicht, hat purpurfarbene Triebe und außen dunkelrote Blüten, die am Ende des Frühjahrs und im Sommer innen rosagelb und schließlich blassgelb werden. Die Blätter von 'Serotina' sind schmäler. Sie ist wüchsiger als 'Belgica' und blüht oft bis zu den ersten Frösten.

Lonicera sempervirens, das Trompeten-Geißblatt wächst wild an der Ostküste der USA, wo es im 17. Jahrhundert erstmals beschrieben wurde. Die Pflanze ist sehr wüchsig (10 m), ausdauernd und frosthart (bis – 25 °C); sie bildet im Sommer zahlreiche Büschel trompetenförmiger, lebhaft orange gefärbter Blüten. Dieses nicht duftende Geißblatt bekommt im Herbst rote Beeren. Es ist einer der Kreuzungspartner bei der Züchtung der beiden Hybriden *L. x brownii* und *L. x heckrottii*, welche die Stammpflanze verdrängt haben. ***Lonicera x tellmaniana*** *(L. sempervirens x L. tragophylla)* wurde 1920 in Ungarn gezüchtet und ist im Sommer die schönste kupfer-orange blühende Sorte; die Blütenknospen sind rot und als endständige Büschel angeordnet. Diese Hybride ist frosthart (bis – 20 °C) und wird 5 m hoch; sie duftet nicht, wirkt aber überaus elegant

Kultivierung

Gönnen Sie dem Geißblatt kühlen und humusreichen Boden, der im Sommer die Feuchtigkeit hält, denn Trockenheit ist einer seiner schlimmsten Feinde außer bei *Lonicera etrusca*. Gießen Sie die jungen Pflanzen regelmäßig und mulchen

An einem steilen Hang kann Geißblatt als Bodendecker nützlich sein. Es wächst ohne Zutun von außen durch Absenker und bedeckt sehr bald die gesamte Fläche.

▲ Wie Blauregen können Sie auch Geißblatt als Hochstamm ziehen, indem Sie den Wuchs vorsichtig lenken.

Sie, um die Verdunstung gering zu halten. Geißblatt kann vom Herbst bis ins Frühjahr gepflanzt werden. Auf einen gebührenden Abstand des Wurzelballens zur Mauer oder zum Zaun müssen Sie achten.

Vermehrung

Schneiden Sie Stecklinge und lassen Sie diese an einem feuchten, schattigen Platz bewurzeln. Das Vermehren durch Absenker ist ebenfalls erfolgreich. Diesen Vorgang können Sie fördern, indem Sie Zweige am Boden fixieren.

Nützliche Hinweise

Das Angebot an Kletterpflanzen für schattige oder halbschattige Lagen (Efeu, Kletterhortensie) ist nicht sehr umfangreich. Gut anspalierte und beschnittene Geißblattarten bieten hier eine brauchbare Lösung. Geißblatt ist ideal, um einen abgestorbenen Baum oder eine Pergola rasch zu begrünen. Loniceren wird man nach Möglichkeit an einer Tür oder einem Durchgang pflanzen, um sich besonders daran zu erfreuen.

Geißblatt und Waldrebe lassen sich gut miteinander kombinieren. Wählen Sie *Clematis viticella*, die am Ende des Winters bis auf den Boden zurückgeschnitten wird; auf diese Weise verhindern Sie, dass die Zweige durcheinander wachsen.

Die Blüten des Waldgeißblatts enthalten Salicylsäure, den Wirkstoff des Aspirins. Man verwendet sie als Tee bei Schnupfen und Husten: 4 – 8 g auf 1 l Wasser.

HÄTTEN SIE'S GEWUSST?

Das zweite Wort der wissenschaftlichen Bezeichnung *Lonicera periclymenum* ist vom Griechischen abgeleitet und bedeutet „allseitig gebadet"; dies bezieht sich auf die Blätter mancher Geißblattarten, die um den Trieb zu kleinen Näpfchen verwachsen sind und so das Regenwasser auffangen. Merkwürdigerweise jedoch benannte der große Botaniker Linné mit diesem Namen eine Geißblattart, deren Blätter nicht verwachsen sind. Völlig korrekt wäre die Bezeichnung für *Lonicera caprifolium* – zu deutsch „Jelängerjelieber" – gewesen!

Glockenrebe

Cobaea scandens Sperrkrautgewächse
Einjährige

Die Ranken der immergrünen Kletterpflanze, die als Einjährige gehalten wird, klammern sich von selbst an eine Stütze. Sie wächst schnell, ohne zu wuchern, und kann bis zu 20 m hoch werden.

Die Glockenrebe hat dunkelgrüne Blätter mit verzweigten Ranken. Die großen glockenförmigen Blüten sind violett mit bläulichem Schimmer. Sie blühen den ganzen Sommer über und duften herrlich nach Honig. Mit den ersten Frösten geht die Pflanze zugrunde. Es gibt auch eine weiß blühende Art ***C. scandens f. alba.***

Kultivierung

Ab Februar/März kann in Anzuchttöpfe gesät werden, die zunächst an einen geschützten Platz kommen. Wenn keine Fröste mehr zu befürchten sind, pflanzt man die Glockenrebe ins Freiland. Sie liebt einen nährstoffreichen Boden und einen sonnigen Standort, verträgt aber auch Halbschatten. Gießen Sie regelmäßig und entspitzen Sie den Trieb. Die Vermehrung erfolgt ausschließlich durch Samen.

Geben Sie wöchentlich Dünger ins Gießwasser, um das Wachstum dieser nährstoffbedürftigen Pflanze anzuregen. Entfernen Sie verwelkte Blüten, damit sich schneller neue Knospen bilden.

Hopfen

Humulus Hanfgewächse
Ausdauernd oder einjährig

Hopfen zählt zu den Gewächsen, die weibliche und männliche Blüten auf verschiedenen Pflanzen bilden. Beim Hopfenanbau werden nur weibliche Pflanzen von *H. lupulus* angepflanzt, deren Blüten zum Bierbrauen verwendbar sind. Im Garten haben Sie die Wahl zwischen *H. lupulus* und *H. japonicus*.

Humulus lupulus, der Gewöhnliche Hopfen, ist eine ausdauernde, frostharte Art (bis – 20 °C), mit 8 – 10 m langen Trieben. Sie breiten ihre gegenständigen drei- bis fünflappigen Blätter aus, die ein wenig an Weinblätter erinnern. Am Ende des Sommers bekommen die weiblichen Pflanzen kleine blassgrüne Blütenkegel, die man trocknen kann. Die leuchtend goldgrüne Sorte 'Aureus' ist empfehlenswert.

Weder Schnitt noch Behandlung sind bei dieser Pflanze erforderlich.

Humulus japonicus, der einjährige Japanische Hopfen, wird im Frühjahr gesät, sobald der Boden sich ausreichend erwärmt hat. Die Art ist weniger wüchsig, wird jedoch immerhin 5 – 6 m hoch. Empfehlenswert ist die Sorte 'Variegatus' mit weiß oder cremegelb gezeichneten Blättern.

◀ Der Japanische Hopfen mit den gescheckten Blättern verträgt Sonne und Halbschatten.

Kultivierung

Beide Hopfenarten eignen sich für weniger besonnte kleine Gärten. Man pflanzt sie in humosen fruchtbaren Boden, entweder im Schatten oder in der Sonne. Sorgen Sie für eine solide Stütze, an der Sie die langen Triebe befestigen können, und gießen Sie die jungen Pflanzen bei trockenem Wetter. Die leuchtenden Blätter können eine langweilige Mauer rasch verschönen.

Vermehrung

Wie alle ausdauernden Pflanzen wird auch der Gewöhnliche Hopfen durch Teilung vermehrt. Zwischen November und März trennt man unterirdische Sprossabschnitte (Fechser) mit vier bis fünf Knospen vom Wurzelstock ab.

Der einjährige Japanische Hopfen wird an geschützter Stelle in Anzuchttöpfe oder im Frühjahr ins Freiland gesät.

▲ Die Fruchtstände des Hopfens können, bevor sie reif sind, getrocknet und in Trockensträuße gebunden werden.

Nützliche Hinweise

Die Sorte 'Aureus' mit den goldgelben Blättern gibt einen herrlichen Hintergrund für Sträucher in Purpurfarben ab. Im Sommer kann der Hopfen eine etwas langweilige und triste Koniferenhecke bewachsen und schmücken.

HÄTTEN SIE'S GEWUSST?

Humulus **kommt vom lateinischen *humus* (Erde); der Begriff deutet auf die Richtung hin, in welche die Triebe wachsen, wenn sie keine Stütze haben.**
Im zeitigen Frühjahr schmecken die jungen Hopfentriebe übrigens wie Spargel. Diese Spezialität schätzt man vor allem in Nord- und Ostfrankreich und besonders in Belgien. Regelmäßiges Schneiden verhindert ein zu ausuferndes Wachstum des Hopfens.

Jasmin

Jasminum Ölbaumgewächse
Strauch

Die botanische Gattung Jasmin umfasst mindestens 200 Sträucher und Kletterpflanzen, die in gemäßigten und tropischen Breiten vorkommen und stark duften.

Wenn Sie duftenden Jasmin haben möchten, halten Sie Ausschau nach weiß oder rosa blühenden Sorten. Pflanzen Sie ihn nah am Haus, an einer Terrasse oder einem Fenster, damit Sie sich ausgiebig daran erfreuen können.

Jasminum beesianum stammt aus China und ist bis –10 °C frosthart. Seine dünnen, 2–3 m langen Triebe mit eher unscheinbaren Blättern wickeln sich um jede vorhandene Stütze. Im Mai/Juni bekommt die Pflanze lebhaft rosafarbene und zart duftende, zauberhafte Blüten, denen im Herbst schwarze Beeren folgen. Diese bleiben den ganzen Winter über hängen.

Jasminum nudiflorum, der nacktblühende Winter-Jasmin, ist keine echte Kletterpflanze, aber seine langen biegsamen Triebe lassen sich leicht anspalieren. Dieser frostharte Strauch mit immergrünen Blättern schmückt sich von November bis März mit gelben Blüten und verträgt einen schattigen Standort.

Jasminum officinale, der Echte Jasmin, ist Mitte des 16. Jahrhunderts aus Persien zu uns gelangt. Die wüchsige, frostharte (bis – 10 °C) Pflanze rankt sich mit Trieben, die alljährlich um 1,5 m wachsen, um die geringste Stütze empor. Sie hat zusammengewachsene sommergrüne Blätter, jedoch beruht ihre Beliebtheit auf den stark duftenden weißen Blütenbüscheln, die zwischen Mai und Oktober erscheinen. Der Strauch blüht umso besser, je geschützter und sonniger er steht, denn das fördert eine gute Verholzung der Triebe. Sollte der Echte Jasmin in den ersten Jahren etwas spärlich blühen, greifen Sie nicht gleich zur Schere, denn er muss erst noch dichter werden.

▲ Die langen Triebe von *Jasminum officinale* blühen von Mai bis Oktober.

Am besten entscheiden Sie sich für eine der folgende Sorten und Arten:

- 'Affine' mit großen, außen rosa getönten Blüten ist weniger frostempfindlich als die Stammpflanze.
- 'Aureovariegatum' bekommt gelb gezeichnete Blätter, er ist weniger wüchsig.

Jasminum grandiflorum, Chinesischer Tee-Jasmin, mit den großen sternförmigen Blüten ist nicht frosthart. Er muss im Wintergarten oder auf einer Veranda überwintern.

Jasminum polyanthum ist ein wüchsiger chinesischer Strauch, der über 6 m hoch werden kann. Unter den Jasmin-Arten ist er der blühfreudigste und am intensivsten duftende, verträgt aber leider absolut keinen Frost. An seinen Blütenbüscheln, die von April bis Sommerende erscheinen, sitzen jeweils 25 – 30 weiße Blüten, die außen (vor allem im Stadium der Knospen) rosa bis rot getönt sind. Es empfiehlt sich eine Topfkultur, um die Pflanze frostsicher im Gewächshaus oder auf der Veranda überwintern zu können. Ein Rückschnitt nach der Blüte ist empfehlenswert.

▼ Der frostempfindliche *Jasminum mesnyi* ist im Frühling von blassgelben Blüten übersät.

Jasminum mesnyi, der Primel-Jasmin, hat immergrüne Blätter und blüht blassgelb im Frühjahr. Er kann 10 m hoch werden und muss regelmäßig und streng beschnitten werden, wenn man im Lauf der Zeit kein unentwirrbares Durcheinanderwachsen der Triebe riskieren will. Auch dieser Jasmin ist frostempfindlich und deswegen besser für Gegenden mit mildem Klima geeignet, wo das Thermometer nur selten unter 0 °C fällt. Die Art gedeiht gut auf Veranden.

▲ Der Winter-Jasmin blüht in der kalten Jahreszeit und verträgt Schatten. Er muss anspaliert werden.

Jasminum x stephanense, eine Hybride aus *J. beesianum x J. officinale* kann 7–8 m hoch werden und hat in klimatisch milden Gegenden ausdauerndes Laub. Im Juni und Juli erscheinen Büschel von drei bis zehn rosa überhauchten Blüten. Dieser recht frostharte Jasmin (bis –15 °C) ist in vielen Fällen dem kälteempfindlicheren *Jasminum beesianum* vorzuziehen. Die weniger wüchsige Sorte 'Variegatum' hat sehr hübsches weiß oder gelb gemustertes Laub.

Kultivierung

Jasmin verabscheut Extrembedingungen (Kalk, Säure, Nässe, Trockenheit, Sonne, Schatten) und liebt die Mittelmäßigkeit. Ein gut durchlässiger, mäßig fruchtbarer Boden und eine jährliche Volldüngergabe im Frühjahr ist die beste Voraussetzung für eine gute Entwicklung.

Pflanzzeit ist von Herbst bis Frühjahr, wobei man die jungen Triebe gleich anspaliert, damit sie es leichter haben, sich an einer Stütze anzuklammern.

Pflege

Jedes Jahr müssen die Triebe, die geblüht haben, und ein oder zwei alte herausgeschnitten werden, um erneutes Wachstum anzuregen und eine reiche Blüte zu garantieren.

Denken Sie daran, die frostempfindlichen Pflanzen bei Einsetzen der Kälte hereinzuholen. In klimatisch raueren Gegenden schützen Sie den Wurzelhals Ihres Jasmin durch Anhäufeln mit Erde oder Mulchen mit Laub, Nadeln von Koniferen oder getrocknetem Farn.

Die Vermehrung erfolgt mit Kopfstecklingen oder Weichholzstecklingen von Trieben, die noch nicht geblüht haben. Das Absenken von Zweigen in Bodennähe im Sommer ist ebenfalls sehr erfolgreich.

HÄTTEN SIE'S GEWUSST?

Mäßig wüchsiger Jasmin lässt sich gut mit einer Waldrebe kombinieren. Obwohl Jasmin Schatten gut verträgt, ist er im Allgemeinen blühfreudiger, wenn er einen sonnigen Standort hat. Wenn Sie Winter-Jasmin, der Knospen angesetzt hat, in ein warmes Zimmer stellen, erblüht er nach wenigen Stunden.

► Rechte Seite: *Jasminum polyanthum*, Nahaufnahme der rosa Knospen.

Jungfernrebe

Parthenocissus
Strauch

Weinrebengewächse

An den starken Ranken der Jungfernrebe sitzen kleine Haftscheiben, mit deren Hilfe sie alle Flächen erobert. Im Herbst verfärben sich die Blätter in warmen, lebhaften Tönen. Die kleinen grünen Blüten sind im Sommer von Insekten, hauptsächlich Bienen, besucht. Die blauen oder schwarzen Beeren erscheinen vor allem reichlich, wenn der Sommer warm und trocken war.

Äußere Erscheinung

Parthenocissus henryana, die Chinesische Jungfernrebe, ist weniger wüchsig als die anderen Arten, wird aber immerhin 10 m hoch. Die Blätter bestehen aus drei bis fünf schmalen Fingern. Das silbern geäderte dunkelgrüne Laub wird im Herbst lebhaft rot und lässt die dunkelblauen Früchte schön zur Geltung kommen. Vorsicht: Temperaturen unter – 5 °C werden nicht vertragen – sorgen Sie in diesem Fall für einen Schutz des Wurzelstocks.

Die rasant wachsende Jungfernrebe ist äußerst widerstandsfähig gegen Umweltverschmutzung und Krankheiten.

Parthenocissus quinquefolia stammt aus den USA und kann 15 m hohe Fassaden begrünen. Ihre lebhaft grünen, fünffingrigen Blätter werden im Herbst scharlachrot. Temperaturen bis zu – 25 °C sind kein Problem.

Parthenocissus tricuspidata, die Dreilappige Jungfernrebe, kam aus Asien zu uns und ist ebenfalls sehr wüchsig. Ihre Blätter erinnern an die Weinrebe und verfärben sich im Herbst. Die schwarzen Früchte schimmern weißlich bereift.

'Lowii' mit kleineren, leicht gekräuselten Blättern und 'Veitchii' mit purpurfarbenem jungen Laub sind empfehlenswert. Diese beiden Sorten bekommen im Herbst bronzefarbene, rostrote und purpurne Blätter.

▲ Eine von Jungfernrebe begrünte Gartenlaube im Herbst

Kultivierung

Jungfernreben sind mit jedem Boden zufrieden, sofern er nicht zu trocken und zu kalkhaltig ist. Pflanzen Sie im Herbst und mischen etwas Volldünger unter. Bei trockenem Wetter müssen Sie die jungen Pflanzen gießen.

Denken Sie daran, wuchernde Zweige, die etwas zu dicht an Dächer und Dachrinnen heranwachsen, möglichst früh herauszuschneiden. Schneiden Sie nach dem Laubfall Stecklinge, die Sie in feucht gehaltenen Sand setzen.

Nützliche Hinweise

Je mehr Wärme und Sonne die Jungfernreben bekommen, desto leuchtender werden sie sich im Herbst verfärben. Dagegen treten die silbrigen Blattadern von *Parthenocissus henryana* im Halbschatten hervor.

In einem kleinen Garten sollten Sie keine Jungfernrebe pflanzen. In den ersten Jahren wächst sie noch langsam, danach aber werden Sie nicht mehr Herr über die wuchernde Pflanze.

HÄTTEN SIE'S GEWUSST?

Parthenocissus kommt aus dem Griechischen; dabei bedeutet *parthenos* Jungfrau und *kissos* Efeu. Diese Pflanzen sind praktisch nicht krankheitsanfällig.
Wenn Sie eine pflegeleichte Begrünung wünschen, sollten Sie sich für *Parthenocissus tricuspidata* entscheiden. Für Ranken, die sich weniger stark anklammern, wählen Sie *Parthenocissus quinquefolia* und als Halbschattengewächs *Parthenocissus henryana*.

Da die Ranken und Haftscheiben der Jungfernrebe sehr klein sind, können sie Mauerwerk nicht beschädigen. Vielmehr ist die Pflanze ökologisch wertvoll, da sie die Mauern im Sommer gegen Regen schützt.

Kapuzinerkresse

Tropaeolum Kapuzinerkressegewächse
Einjährige oder krautige Stauden

Diese aus Lateinamerika stammende Pflanze trifft man in unseren Gärten sehr häufig an. Sie hält sich ausschließlich mit ihren Blattstielen fest, muss aber zu Beginn des Wachstums gelenkt werden.

Äußere Erscheinung

Tropaeolum majus, die Große Kapuzinerkresse, wurde gegen Ende des 17. Jahrhunderts in Europa eingeführt. Die Triebe der meist einjährigen Pflanze werden mindestens 2 m lang und bekommen orangefarbene oder kupferfarbene Blüten.

Über ***Tropaeolum peregrinum***, die Kanaren-Kapuzinerkresse, wurde 1810 aus Lima berichtet. Diese Art mit gelappten Blättern und schwefelgelben, an den Rändern gefransten Blüten von Juli bis Oktober kann sich über 4 m ausbreiten.

Von ***Tropaelum speciosum***, der Flammenden Kapuzinerkresse, die aus Chile stammt, hörte man erstmals 1846 in London. Ihr Wurzelstock besteht wie bei der Dahlie aus einem fleischigen Rhizom.

Die schlanken Triebe klettern im Frühjahr über 3 m hoch. Im Sommer kommen die langen Girlanden scharlachroter Blüten vor den gelappten Blättern wunderbar zur Geltung. Sie werden abgelöst von blauen Beeren mit rotem Kelch. Diese Art kann einer etwas streng wirkenden immergrünen Hecke eine heitere Note geben. Falls die Triebe bei Frost zugrunde gehen, können die Wurzelstöcke in der Erde verbleiben und bis – 15 °C problemlos überwintern.

Die dreifarbige ***Tropaeolum tricolor*** bildet haardünne, sehr empfindliche Triebe und wird 1,5 m hoch. Sie ist ausdauernd, eignet sich aber am besten zur Topfkultur und muss windgeschützt stehen. Von Mai bis Juli erscheinen orangerote Blüten mit dunkelvioletten Rändern und gelbem Herzen. Die Wurzelknollen vertragen Bodenfrost bis – 10 °C. Die Pflanze mag weder direkte Sonne noch starke Hitze.

Kultivierung

Aussaat ins Freiland ist möglich. Voranzucht in Töpfen bewirkt allerdings ein schnelleres Wachstum. Sie bevorzugt einen sonnigen Standort und fruchtbare, humusreiche und gut durchlässige Erde. Jungpflanzen brauchen ausreichend Wasser und müssen an die vorgesehene Stütze geleitet werden.

▼ *Tropaeolum tricolor* blüht von Mai bis Juli. Sie muss gegen Wind, direkte Sonne und große Hitze geschützt werden.

Pflege

Sie erreichen eine gute Verzweigung der Pflanze und später eine größere Blütenfülle, wenn Sie den jungen Haupttrieb abknipsen.

Manchmal legt der Kohlweißling seine Eier an der Unterseite der Blätter ab; die später schlüpfenden Raupen richten dann verheerende Schäden an. Kontrollieren Sie deshalb die Pflanzen regelmäßig.

Schwarze Blattläuse besiedeln die jungen Triebe besonders gern. Um eine Bekämpfung kommt man meistens nicht herum.

▶ Als Bodendecker breitet sich die Kapuzinerkresse fleißig aus. Sie ist ein echter Lückenfüller.

Das Laub von knollenbildender Kapuzinerkresse wird nach der Blüte zunehmend gelb. Dann dürfen die Wurzelstöcke in den Töpfen oder im Boden nicht mehr allzu nass werden, denn die Pflanzen benötigen das Trockenen als Ruhepause. Bedecken Sie sie im Winter mit einer dicken Schicht aus abgestorbenem Laub oder Blattkompost.

Vermehrung

Vermehrung durch Samen und Teilung der Knollen während der Ruhephase im Herbst sind die erfolgreichsten Methoden. Die Kapuzinerkresse wird im Frühjahr ausgesät, bei sehr mildem Klima auch im Herbst. Die kleinen Knollen pflanzt man im Frühjahr.

Der von Linné gegebene lateinische Name bedeutet „Trophäe". In der Antike pflegte man nach einer siegreichen Schlacht die vom Gegner erbeuteten Waffen auf Pfeilern aufzustellen. Bei *Tropaeolum* entspricht der Trieb dem Pfeiler, die Blätter stehen für die Schilde und die Blüten symbolisieren die Helme.

Nützliche Hinweise

Kapuzinerkresse verträgt sich gut mit anderen Kletterpflanzen, die sie als Rankhilfe benutzt. Man kann sie wunderbar mit blau, violett oder weiß blühender Clematis kombinieren. Die Blätter und Blüten sind essbar und sehen in sommerlichen Salaten sehr hübsch aus. Sie geben ihnen eine pikante, leicht pfeffrige Note. Die noch grünen, unreifen Früchte kann man in weißen Essig einlegen und wie Kapern verwenden.

Die einjährige Kapuzinerkresse sät sich oft von allein aus und wächst im nächsten Jahr an unerwarteten Stellen.

Kiwipflanze

Actinidia Strahlengriffelgewächse
Männliche und weibliche Pflanzen zum Fruchtansatz nötig
Strauch

Schnell und kräftig wachsende, windende Kletterpflanze. Die Kiwipflanze mit ihren speziellen Früchten ist die bekannteste ihrer Gattung.

Äußere Erscheinung

Actinidia deliciosa, die allgemein als Kiwi, Chinesische Stachelbeere oder Pflanzenmaus bekannt ist, überrascht durch ihre Wüchsigkeit. Alljährlich bildet sie 8 – 10 m lange Triebe, die sich an die geringste Stütze klammern. Die von rotem Flaum bedeckten jungen Triebe tragen 15 – 20 cm große herzförmige sommergrüne Blätter. Im Mai bekommt die Kiwi cremeweiße Blüten, die nach Honig duften und Bienen anlocken. Die behaarte Frucht ist zunächst grün, später braun, bildet sich nur an den weiblichen Pflanzen und wird im Spätherbst geerntet. Die Art ist laubwerfend.

Im Handel werden mehrere Sorten mit verschiedenen Fruchtgrößen und Aromen angeboten: 'Andreana', 'Bruno', 'Hayward' (weibliche Pflanzen); 'Blake' (weiblich, selbstbestäubend). Von 'Tomuri', werden nur die männlichen Pflan-

Die Kiwi gilt als Vitamin-C reichste Frucht. Sie enthält etwa zehnmal so viel davon wie die gleiche Gewichtsmenge an Zitronen oder anderen Zitrusfrüchten.

zen genutzt; sie geben einen sehr fruchtbaren Pollen, der zur Befruchtung verwendet wird.

Actinidia arguta, der Scharfzähnige Strahlengriffel, bildet über 15 m lange Triebe, die weiß blühen und 2–5 cm lange wassergrüne Früchte bekommen. Ihr Fleisch ist saftig, schmeckt säuerlich und löscht den Durst. Die Frucht isst man mit Schale. Die kleinen Kiwi werden von Juni bis September geerntet. Bei den Sorten, die mit *Actinidia sinensis* befruchtet wurden, hängen sie in Trauben herab – zum Beispiel 'Mykros', 'Red Beauty' und 'Jumbo verde'. Letztere zieht Katzen an, die sich gern an den Trieben reiben und sogar die jungen Blätter knabbern.

▲ Grüne knackige Früchte von *Actinidia arguta*

Actinidia kolomikta ist weniger wüchsig (5–6 m), hat aber eine wunderschöne Blattfärbung. Die kleinen sommergrünen Blätter leuchten in lebhaftem Hellrot und Weiß, wenn die Pflanze direkte Sonne bekommt. Nach der im Juni erscheinenden weißen Blüten bildet die weibliche Pflanzen kleine gelbe, essbare Früchte.

Die Kiwi ist ein hervorragender Durstlöscher.

Kultivierung

Männliche und weibliche Blüten werden bei der *Actinidia* auf verschiedenen Pflanzen produziert. Wollen Sie neben dem Blattschmuck auch Früchte ernten, müssen Sie mindestens je eine männliche und eine weibliche Pflanze setzen. Eine männliche kann jedoch fünf bis sechs weibliche Pflanzen befruchten. Seit einigen Jahren gibt es aber auch selbstbefruchtende Sorten wie 'Blake' und 'Solo'. Sie bekommen zwar nur mittelgroße Früchte, eignen sich aber gut für kleine Gärten.

Kiwipflanzen mögen fruchtbaren, kühlen, kalkarmen und im Winter gut durchlässigen Boden und gedeihen am besten vor einer warmen Mauer in voller Sonne. Sie brauchen unbedingt einen festen Halt, an dem ihre langen Triebe anspaliert werden können. Am besten pflanzen Sie im Frühjahr (Februar bis März); nach frühestens drei Jahren können Sie die ersten Früchte ernten. Bevor sie blüht und Früchte ansetzt, muss die Pflanze ihre Wurzeln ausgiebig ausbreiten.

Die leichtere *Actinidia kolomikta* kann auch einen Bogen, einen Zaun oder sogar eine niedrige Süd- oder Westmauer zieren.

◀ Linke Seite: Viel versprechende Ernte bei der Sorte 'Abbot'

▶ *Actinidia kolomikta* bezaubert durch ihre rosa- und cremefarbenen Blätter.

Pflege

Ein kaliumreicher Dünger fördert das Anwachsen der Jungpflanzen. Ein Rückschnitt wird nach der Herbsternte oder im Winter durchgeführt. Kürzen Sie wild wachsende Triebe um ein Drittel und binden Sie die Triebe an, solange sie noch biegsam sind. Schneiden Sie totes Holz heraus und, vor allem bei männlichen Pflanzen, zu stark wuchernde Triebe. Um reichen Fruchtansatz zu fördern, schneiden Sie die Triebe im Juli bis zum vierten oder fünften Blatt über dem letzten Fruchtbüschel zurück, dadurch wird der Saft konzentriert und die Früchte werden dicker. Auch ältere Zweige sollten regelmäßig herausgeschnitten werden.

Vermehrung

Im Sommer können Sie von biegsamen Trieben Stecklinge schneiden, die Sie in feuchten, warmen Sand setzen. Der Erfolg ist recht ungewiss. Die bewurzelten Stecklinge werden im folgenden Frühjahr ausgepflanzt.

HÄTTEN SIE'S GEWUSST?

Kiwis stammen ursprünglich aus China, aus der Mandschurei und aus Japan, werden aber noch viel zu oft für Früchte aus tropischen Klimazonen gehalten. Die Wiege der Kiwi ist aber das zentrale Becken des Jangtsekiang, wo die Pflanze problemlos winterliche Temperaturen von – 8 bis – 10 °C verträgt, sofern sie in gut durchlässigem Boden wächst. In besonders rauem Klima ist es ratsam, den Strauch in eine durch Mauern geschützte Ecke des Gartens zu pflanzen und dafür zu sorgen, dass die Wurzeln sich unter dem Belag eines Weges oder einer Terrasse ausbreiten können.

Alle Kiwis brauchen viel Platz und nehmen es übel, wenn man sie verpflanzt, nachdem sie einmal gut angewachsen sind.

Kletterhortensie

Hydrangea, Schizophragma Hortensiengewächse
Strauch

Als Kletterhortensien bezeichnet man Arten aus zwei verschiedenen Gattungen, die ähnliche Bedürfnisse haben. Der deutsche Name für *Hydrangea* ist Hortensie, während *Schizophragma* als Spalthortensie bekannt ist.

Hydrangea anomala* subsp. *petiolaris findet man in den Baumschulen am häufigsten. Mithilfe von Luftwurzeln klammert sie sich an Mauern und kann riesig werden (12 m und höher). Vor den Blättern in frischem Grün kommen im Frühsommer die strahlend weißen Blüten wunderschön zur Geltung. Die flachen Blütendolden in hell leuchtendem Weiß haben einen Durchmesser von 20–25 cm. Die winzigen fruchtbaren Blüten in der Mitte sind umkränzt von sterilen Blüten mit dekorativen weißen Deckblättern.

Auffälliger ist ***Schizophragma hydrangeoides***, die Spalthortensie. Sie wird 20 m groß und zeigt auffällige Blütenstände, die deutlich längere und breitere Deckblätter aufweisen als die vorbeschriebene Art. Anfangs sind sie rein weiß und schimmern mit fortschreitender Saison rosafarben.

- Als Bodendecker kann die Kletterhortensie eine hübsche Hangbepflanzung werden oder herabhängend eine lange Mauer zieren.
- Hortensien bevorzugen einen eher sauren Boden. Auf kalkhaltigen Böden werden die Blätter gelb und bekommen Mangelerscheinungen. Spezialerde für Moorbeetpflanzen, der Pflanzerde beigemischt, wirkt vorbeugend.

▲ Die Kletterhortensie kann Baumstümpfe überwuchern und im Sommer dunkle Ecken aufhellen.

Kultivierung

Der Hauptvorzug der Kletterhortensie besteht darin, dass sie sich, sogar mit einem sehr schattigen Standort begnügt. Sie kann ohne weiteres an einer Nordwand wachsen und wird diese innerhalb weniger Jahre mit ihren langen Zweigen schmücken. Pflanzen Sie Ihre Kletterhortensie in kühlen, kalkarmen Boden. Graben Sie ein großes Loch und mischen Sie Torf oder Erde für Moorbeetpflanzen unter den Boden. Gießen Sie, bevor Sie den gut durchfeuchteten Wurzelballen einbringen. Mulchen mit abgefallenem Laub, Rindenstückchen oder einer Torfschicht begrenzt die Verdunstung und hält die Wurzeln kühl. Sorgen Sie für ein Gerüst, an dem Sie die Triebe in den ersten Jahren befestigen können. Anfangs wachsen die Jungpflanzen recht langsam. Erst nach drei oder vier Jahren legen sie richtig los. Jährliche Düngergaben mit Langzeitwirkung sind empfehlenswert.

Pflege

Die pflegeleichte Kletterhortensie ist ausgesprochen robust; sie verträgt Frost (bis –20 °C), Luftverschmutzung, Wind, trübes Küstenwetter und Schatten und ist kaum krankheitsanfällig. Sie müssen lediglich ihr Wachstum begrenzen und ihre Form erhalten, indem Sie sie nach dem Laubfall oder im zeitigen Frühjahr zurückschneiden.

Durch die unregelmäßig aufgeraute, rotbraune Rinde einiger Arten wirken die kahlen Triebe im Winter sehr dekorativ. Die verwelkten Blütenstände sehen zauberhaft aus, wenn sie von Tautropfen oder Raureif sie überzogen sind.

Vermehrung

Am einfachsten ist die Vermehrung durch Absenker, indem Sie niedrig wachsende Zweige am Boden befestigen, damit diese sich dort bewurzeln. Die Vermehrung durch halbkrautige Stecklinge auf erwärmtem Boden im Sommer ist oft ungewiss und ihre Ergebnisse sind eher enttäuschend.

Kletterrosen

Rosa
Sträucher

Rosengewächse

Das Thema Kletterrosen könnte schon allein ein ganzes Buch füllen. Im Folgenden bekommen Sie wichtige Hinweise, die Ihnen die Wahl erleichtern sollen.

Kletterrosen haben keine speziellen Organe zum Klettern. Sie wachsen in die Höhe dank ihrer Stacheln, die sich an unterschiedlichen Stützen festhaken. Um ihre Triebe zu lenken, müssen Sie sie befestigen.

In der Regel brauchen Kletterrosen einen sonnigen Standort, doch vertragen manche Sorten auch Halbschatten. Werden Kletterrosen vor eine Mauer oder an einen Baum gepflanzt, muss ein Abstand von 30 – 50 cm von der Stütze eingehalten werden. Kletterrosen haben es gern, wenn sie Wind bekommen, das bewahrt sie vor Pilzerkrankungen. Die Wurzeln verankern sich in nährstoffreichem, humosem Boden, der locker und durchlässig und weder zu sauer noch zu alkalisch sein sollte. Die jungen Pflanzen müssen gut gegossen werden und brauchen im Frühjahr (März/April) und im Juli einen kaliumreichen Dünger.

Pflanzen Sie um den oft kahlen Fuß von Kletterrosensträuchern ausdauernde Pflanzen (Katzenminze, Pfingstrose oder Wolfsmilchgewächse) – sie sind Farbtupfer, die zu den Rosen passen

Einige botanische Rosen

Rosa banksiae, die Banksrose, ist sehr wüchsig und praktisch ohne Stacheln. Sie stammt aus China und erhielt ihren Namen zu Ehren von Lady Banks, der Gattin des ersten Direktors des Botanischen Gartens London. Diese Rose ist kälteempfindlich, Temperaturen unter – 5 °C verträgt sie nicht. Sie ist eine besonders früh blühende Art, bekommt nur einmal, im April/Mai, weiße oder gelbe einfache oder gefüllte Blüten. Sie lässt sich sehr gut mit Blauregen kombinieren. Vermeiden Sie jährliche Rückschnitte und beschränken Sie sich darauf, alle zwei bis drei Jahre wenige alte Äste herauszuschneiden. Für Banks-Rosen brauchen Sie einige Geduld; bis zur ersten Blüte müssen Sie etwa drei Jahre warten.

▲ Die Banks-Rose hat kaum Stacheln, ist von ausdauerndem Wuchs und blüht bereits im Frühsommer.

Folgende Sorten sind erwähnenswert:

- 'Alba Plena' mit gefüllten weißen Blüten, die nach Veilchen duften;
- 'Lutea' mit gefüllten gelben Blüten, die nicht duften; sie ist relativ frosthart, sehr blühfreudig und wird sehr häufig kultiviert;
- 'Lutescens' mit stark duftenden einfachen gelben Blüten;
- 'Normalis', die ursprüngliche Form, mit einfachen weißen Blüten.

Rosa filipes ist eine besonders wüchsige, aus China stammende einmal blühende Art. Ihre stacheligen Triebe ranken sich 10 – 15 m hoch und überwuchern alles. Diese Rose ist frosthart bis – 15 °C. Der Anblick dicker Büschel duftender einfacher weißer Blüten an einem Zaun, einer Mauer oder in einem Obstbaum ist etwas Wunderbares; Wirkung erzielt die Rose aber nur in größeren Gärten.

Die Sorte 'Kiftsgate' bekommt größere cremeweiße, duftende Blüten.

Rosa mulliganii ähnelt *R. filipes* bezüglich Frosthärte und Wüchsigkeit. Die einfachen weißen Blüten riechen nach Bananen. Die winzigen orangefarbenen eiförmigen Früchte sind ein hübscher winterlicher Schmuck.

◀ Die Rose 'Bobbie James' ist ein wüchsiger, einmal blühender, unglaublich dicht wuchernder Strauch.

Einige alte Rosen

Weiß	'Bobbie James', 'Félicité et Perpétue', 'Seagull' 'Wedding Day', 'Neige d'Avril', 'Lykkefund', 'Aimée Vibert'
Gelb	'Alberic Barbier', 'Goldfinch'
Lachsfarben	'Albertine', 'Phyllis Bide', 'The Garland'
Rosa	'American Pillar', 'Dorothy Perkins', 'Evangeline', 'Francis E. Lester', 'Kew Rambler', 'Tausendschön', 'Baltimore Belle'
Rot	'Alexandre Girault', 'Crimson Shower'

Einige moderne Rosen

Weiß	'Abbotsbury', 'Madame Alfred Carrière'
Gelb	'Blanche Vibert', 'Madame A. Meilland', 'Polka', 'Parure d'or', 'Golden Shower'
Lachsfarben	'Michèle Meilland Climbing', 'Meg'
Rosa	'Clair matin', 'Pink Cloud', 'Pierre de Ronsard', 'Blush Noisette', 'Bantry Bay', 'New Dawn'
Rot	'Ena Harkness', 'Black Magic', 'Papa Meilland' (mit außergewöhnlichem Duft), 'Messire Delbard', 'Madame Isaac Pereire', 'Paul's Scarlet Climber', 'Blaze'

▲ Die Rose 'Paul's Scarlet Climber' wuchert im Sommer aus einer Wand mit Jungfernrebe hervor.

Der Schnitt

Es gibt zwei große Gruppen von Rosen: Die nicht remontierenden, die nur einmal und überreich im Frühsommer blühen, und die remontierenden Rosen, die entweder eine Nachblüte im frühen Herbst bilden oder fast ununterbrochen von Juni bis zu den ersten Frösten blühen.

Die nichtremontierenden Rosen werden direkt nach der Blüte beschnitten, ausgeputzt und ausgelichtet. Man kürzt die Triebe, die Blüten trugen, zu lange oder störende Triebe, abgestorbenes Holz sowie alte Äste.

Bei den remontierenden Rosen werden regelmäßig verwelkte Blüten abgeschnitten. Zum Winterbeginn entfernt man Abgestorbenes, Krankes, schwache oder schlecht platzierte Triebe. Der eigentliche Schnitt wird aber erst im Februar/März vorgenommen. Dann kürzt man die Triebe um 50 cm und schneidet die Seitentriebe auf zwei oder drei Augen zurück. Bei dieser Arbeit müssen die Pflanzen oft neu anspaliert werden.

Pflege

Spezialdünger für Rosen, im frühen Frühjahr und im Frühsommer verabreicht, fördert ein ausgewogenes Wachstum, schönes Laub und eine reiche Blüte.

Viel Feuchtigkeit nach dem Pflanzen – auch wenn es Regen gibt – garantiert gutes Anwachsen. Spalieren Sie regelmäßig an, dabei müssen die Triebe immer waagerecht geführt werden, damit sich auf dem ganzen Trieb Blüten bilden.

Eine regelmäßige Kontrolle auf Schädlings- und Pilzbefall ist unbedingt notwendig. Häufig auftretende Schädlinge wie Blattläuse und Krankheiten wie Echter Mehltau oder Sternrußtau müssen so schnell wie möglich bekämpft werden.

Ein regelmäßiger Schnitt verhindert, dass die Triebe durcheinanderwachsen und das Laub zu dicht wird. Luft, Licht und eventuelle Behandlungen müssen sämtliche Teile der Pflanze erreichen können.

Nützliche Hinweise

Kletterrosen vertragen sich sehr gut mit Geißblatt, Waldrebe, Jasmin und Glockenrebe; mit diesen schaffen Sie sich einen nostalgischen Garten, ohne viel Platz zu beanspruchen.

Begrünen Sie einen kahlen oder toten Baum mit einer wüchsigen Kletterrose, die den Stamm im Sommer in einen Blütenmantel hüllt. Pflanzen Sie in Hauptwindrichtung, damit die Zweige bewegt werden.

Auf gefliesten Terrassen, weißem Mauerwerk oder Sandwegen kann es zu einer erhöhten Lichtreflexion kommen. Schattieren Sie deshalb den Wurzelhals Ihrer Kletterrosen mit ausdauernden Pflanzen.

▶ Rechte Seite:
Die jungen, noch biegsamen Triebe der Rose müssen regelmäßig anspaliert werden.

Muehlenbeckie

Muehlenbeckia Knöterichgewächse
Strauch

Mit seinen langen Trieben erklimmt dieser kleine, halbverholzte Strauch leicht jede noch so unbedeutende Stütze. Die Gattung *Muehlenbeckia* (Drahtstrauch) ist in Australien, Neuseeland und Tasmanien heimisch. Den Namen erhielt die Pflanze zu Ehren des Schweizer Arztes H. G. Muehlenbeck, der in der ersten Hälfte des 19. Jahrhunderts lebte.

Äußere Erscheinung

Muehlenbeckia axillaris, der Schwarzfrüchtige Drahtstrauch, ist zweifellos die Kletterpflanze mit den kleinsten Blättern. Sie sind wechselständig (an jedem Stängelknoten wächst nur ein Blatt), in rauem Klima sommergrün, in mildem Klima hingegen fast den ganzen Winter über belaubt (halbimmergrün) und höchstens halb so groß wie ein Fingernagel.

Die winzigen gelblich-grünen Blüten sind ganz unauffällig und ergeben manchmal kleine schwärzliche, fleischige Früchte.

Gießen Sie die jungen Pflanzen bei Trockenheit regelmäßig und schneiden Sie die Triebe ab, die die Silhouette stören.

Muehlenbeckia complexa, der Weißfrüchtige Drahtstrauch, hat halbimmergrüne dunkelgrüne Blätter, deren Form an

kleine Geigen erinnern. Die über 3 m langen Triebe sind als Bodendecker und Kletterpflanze gleichermaßen geeignet. Die Pflanze blüht grün im Herbst und trägt kleine weiße Früchte.

▲ An geschütztem Standort ist die Muehlenbeckie mit jeder Kletterhilfe zufrieden.

Kultivierung

Keine der beiden Arten ist wirklich frosthart. Sie vertragen allenfalls –2 °C, sind also sehr frostempfindlich. Wenn die Temperaturen auch nur wenig darunter sinken, werden die oberirdischen Teile beschädigt, doch kann die Pflanze sich aus dem Wurzelstock erneuern. Gepflanzt wird zwischen September und März, wenn keine Frostgefahr besteht.

Die Bodenansprüche sind gering, die Pflanzen lieben aber Halbschatten, wo sie vor der starken Mittagshitze geschützt sind. Sehr wüchsige Exemplare müssen anspaliert werden.

▼ In südlichen Ländern gedeiht die Muehlenbeckie auch im Halbschatten. Um ihre hübsche Silhouette zu behalten, braucht sie einen regelmäßigen Schnitt.

Vermehrung

Schneiden Sie im Sommer Stecklinge aus dünnen Trieben und setzen Sie diese in feuchten Sand. Die Bewurzelung verläuft zügig. Im Herbst kann man auch Wurzelstecklinge verwenden.

Passionsblume

Passiflora Passionsblumengewächse
Strauch

▲ Die weiß blühende *Passiflora* 'Constance Elliot' sieht man selten.

Passionsblumen sind ein Sinnbild des Exotischen. Manche finden aber auch bei uns Platz in einem geschützten Garten oder in mildem Klima. Andernfalls muss man sie im Topf kultivieren und vor Frost schützen. Im Folgenden werden einige der 400 klassifizierten Arten vorgestellt.

Die Passionsblume hat sehr vielgestaltige Blätter. An einer einzigen Pflanze findet man oft ganze sowie unterschiedlich gelappte Blätter. Die Passionsblumen klammern sich mit Ranken an der Kletterhilfe fest.

Passiflora caerulea, die Blaue Passionsblume, kam Ende des 17. Jahrhunderts aus Lateinamerika zu uns. Der sehr wüchsige Schlinger wird über 8 m hoch, hat gelappte, geteilte dunkelgrüne, meist bleibende Blätter. Die einzeln stehenden, zart duftenden Blüten haben einen Durchmesser von 7–10 cm, sie erblühen im Sommer und im Herbst. Blütenblätter und Kelchblätter sind außen grün und innen rosa-weiß und umgeben Staubfäden, die an der Spitze bläulich und gewellt, im Zentrum weiß und oberhalb purpurfarben sind. *P. caerulea* gilt als die robusteste der Passionsblumen (sie verträgt Frost bis – 5 °C). Bei längerem Frost stirbt der oberirdische Teil ab, aber im Frühjahr kann der Wurzelstock wieder neu austreiben. Manchmal bilden sich eiförmige orangefarbene Früchte.

Zwei empfehlenswerte Sorten sind 'Constance Elliot' mit einer Farbe wie Elfenbein, 'Grandiflora' mit 15–20 cm großen Blütenkelchen.

• ***Passiflora x violacea***, eine Hybride mit 3–5 m langen Trieben, bekommt violettpurpurne Blüten, die im Sommer eine Krone in dunklem Rosa tragen. Die Pflanze braucht ein mildes Klima und einen geschützten Standort.

Im Gewächshaus oder auf einer Veranda kann man zahlreiche sehr schöne frostempfindliche Arten kultivieren:

▲ *Passiflora antioquensis* benötigt viel Wärme und verträgt keinen Frost.

Passiflora antioquensis, eine aus Kolumbien stammende Art, die Blüten mit hellrotem Kelch und violetter Krone bekommt.

Passiflora quadrangularis, die Königs-Grenadille von der Insel Barbados, wird 6–8 m hoch. Die rosa bis sattroten ge–äderten, weißen Blüten haben eine beeindruckende Form.

Passiflora coccinea, die Rote Granadilla, hat lebhaft rote Blüten, mit einem Durchmesser von mindestens 12 cm.

Passiflora edulis, die Maracuja, wird mindestens 8 m hoch, verträgt aber keine Temperaturen unter 11 °C.

Passiflora vitifolia ist wüchsig und blühfreudig und bekommt lebhaft rote Blütenkelche von 15–20 cm Durchmesser.

Kultivierung

Passionsblumen benötigen einen geschützten und sonnigen Platz. Die Wurzeln sollten ganzjährig von einer dicken Mulchschicht bedeckt sein und brauchen einen fruchtbaren, durchlässigen Boden.

Nur in äußerst warmen Regionen können Sie versuchen, Arten wie *Passiflora antioquensis* im Freien zu kultivieren. Die Temperatur darf dann nicht unter 0 °C fallen.

Schneiden Sie unerwünschte Triebe heraus. Achten Sie auf Befall durch Schildläuse und Spinnmilben.

▼ Blüten und Früchte von *Passiflora caerulea*. Sie kann an geschütztem Standort im Freien kultiviert werden.

Pfeifenwinde

Aristolochia
Pfeifenblume, Osterluzei,
Virginische Aristolochia
Strauch

Osterluzeigewächse

Die Pfeifenwinde fällt vor allem durch ihr schönes, gesundes Laub auf. Unter den großen runden Blättern muss man die merkwürdigen Blüten erst einmal suchen.

Äußere Erscheinung

Aristolochia macrophylla hat sommergrünes Laub, klettert über 10 m hoch und verträgt das hiesige Klima gut. Die üppigen handgroßen, herzförmigen Blätter wachsen so dicht, dass die Triebe und Blüten, die sich im Frühling öffnen, dazwischen verschwinden. Die Blüten sitzen an langen Stängeln, sind röhrenförmig, unten angeschwollen und nach oben gebogen, bevor sie sich wieder verengen, um in drei gleichgroße, glatt geränderte Lappen auszulaufen. Trotz ihres merkwürdigen Aussehens ziehen die außen gelbgrün und innen oft rotbraun geäderten Blüten kaum Aufmerksamkeit auf sich. Manchmal bilden sich sechsfächrige Kapselfrüchte.

Mit ihrer dunkelgrünen Rinde bietet die Pfeifenwinde im Winter einen interessanten Anblick.

Erstmals wurde diese Pflanze 1763 von dem Botaniker John Bartram, der damals in Philadelphia lebte, nach Europa geschickt.

Kultivierung

Die Pfeifenwinde wird zwischen Oktober und März gepflanzt; sie verträgt volle Sonne ebenso wie Halbschatten.

Die wüchsige Pflanze rankt sich von allein an der geringsten Stütze empor und mag fruchtbaren, durchlässigen und kühlen Boden. Wegen ihres schönen Laubs, des schnellen Wuchses und der Frosthärte ist sie eine für den Anbau lohnenswerte Pflanze, die aber in Gärten eher selten zu finden ist.

▲ Sogar bei älteren Pflanzen bleiben die Triebe biegsam. Sie müssen solide an einer Stütze befestigt werden.

Pflege

Jungpflanzen benötigen viel Feuchtigkeit. Stabile Kletterhilfen müssen schon bei der Pflanzung bereit stehen, damit die langen Triebe sich entfalten können. Schneiden Sie überzählige Neutriebe nach der Blüte zurück.

Schneiden Sie im Sommer Stecklinge von den Triebspitzen, die Sie in feuchten Sand auf warmer Unterlage setzen. Tauchen Sie den unteren Teil der Stecklinge vor der Pflanzung in Bewurzelungspulver, um die nicht immer leichte Bewurzelung zu fördern.

HÄTTEN SIE'S GEWUSST?

Manche frostempfindlichen Arten, die im Gewächshaus gehalten werden müssen, bekommen sehr merkwürdige große Blüten mit einem speziellen Geruch, der bestäubende Insekten anlockt. Die Insekten, die in die Blüte hineinkriechen, werden durch Widerhaare gefangen gehalten, bis sie genügend Pollen zur Befruchtung aufgenommen haben. Dann werden die Widerhaare weich und das Insekt kann die Blüte verlassen.
Den wissenschaftlichen Namen *aristolokhia* gab im ersten Jahrhundert n. Chr. der griechische Arzt Dioskurides einer nicht kletternden Pflanze. *Aristos* bedeutet ausgezeichnet und *lokheia* Niederkunft, denn die Pflanze wurde als wehenförderndes Mittel verwendet.

Vorsicht: Manche Arten bilden stinkende Blüten. Sie sollten nicht in die Nähe von Häusern gepflanzt werden. Tau, der sich in den Blüten gefangen hat, darf nicht in die Augen kommen; eine schwere Bindehautentzündung wäre die Folge.

Prunkwinde

Ipomoea Windengewächse
Kaiserwinde, Purpurwinde
Einjährige, ausdauernd, Strauch

Die Prunkwinde ist eine tropische Pflanze, die in unserem Klima meist als Einjährige kultiviert wird; in milden Regionen gedeihen auch die mehrjährigen Arten. Ihre windenden Triebe klettern sehr schnell 3 – 5 m hoch und tragen herzförmige oder dreilappige Blätter.

Ipomoea coccinea stammt aus Nordamerika. Ihre kleinen hochroten Blüten (1,5 cm) wachsen den ganzen Sommer.

Ipomoea purpurea (Purpurne Prunkwinde oder Trichterwinde) ist in unseren Gärten sehr häufig anzutreffen. Sie blüht in vielen Farben von Blau bis Weiß und in zahlreichen Rosa-, Purpur- und Rottönen im Sommer und im Herbst. Die im Handel erhältlichen Samen sind meist Farbmischungen.

Je mehr Wärme und Sonne die Prunkwinde bekommt, desto verschwenderischer blüht sie.

Ipomoea quamoclit, die Zypressen-Prunkwinde, ist eine seltene Pflanze. Je nach äußeren Bedingungen wird sie zwischen 2 – 6 m hoch. Zwischen den dünnen, aus schmalen Fiedern zusammengesetzten Blättern erscheinen im Sommer dekorative scharlachrote Blüten.

Ipomoea tricolor, die Himmelblaue Prunkwinde entwickelt schnellwüchsige, 3–6 m lange Triebe, die von großen trichterförmigen, azurblauen oder roten, purpurnen, hellvioletten Blüten übersät sind. Diese 7–10 cm messenden Blütenkronen öffnen sich nur für einen Tag. Von den zahlreichen Sorten seien nur einige genannt:

- 'Blue Star', zartblau mit Streifen in Ultramarinblau;
- die frühblühende indigoblaue 'Heavenly Blue';
- 'Flying Saucers', mit marmorierten weißen und purpurblauen Blüten;
- 'Wedding Bells', rosafarben schimmerndes Hellblau mit einem Hauch Lavendel.

▲ Die ziemlich seltene *Ipomoea quamoclit* muss im Topf kultiviert werden.

Kultivierung

Säen Sie im Frühjahr in Anzuchttöpfchen im Frühbeet oder direkt ins Freie, sobald keine Frostgefahr mehr besteht. Wählen Sie einen sonnigen Standort mit fruchtbarem und gedüngtem Boden, der leicht kalkhaltig sein darf. Gießen Sie, wenn es trocken ist, und geben Sie den Pflanzen von Juni bis August einen kaliumhaltigen Dünger. Nach der Blüte kann man den Samen für die folgende Saison sammeln, wobei die Nachkommen in der Blütenfarbe variieren können.

Die Vermehrung geschieht ausschließlich durch Samen. Wenn Sie die Keimung beschleunigen wollen, müssen Sie die Samen vor der Aussaat eine Nacht in Wasser legen.

▲ Die Trichterwinde wächst sehr rasch und jeden Tag gehen neue Blüten auf.

HÄTTEN SIE'S GEWUSST?

Der lateinische Name *Ipomoea* setzt sich aus zwei griechischen Wörtern zusammen: *ips* bedeutet Wurm und *homoios* ähnlich, eine Anspielung auf die sich wurmähnlich windende Pflanze.
Ipomoea batatas ist die Süßkartoffel, deren Knolle essbar ist. Wenn sie vertikal in einen Topf gepflanzt und zu zwei Dritteln mit Erde bedeckt wird, erhalten Sie eine mehrfach blühende Pflanze mit hübschen grünen Blättern.

Ruhmeskrone

Gloriosa Liliengewächse
Ausdauernd

In vielen tropischen Ländern gilt die Ruhmeskrone als giftiges Unkraut. In unserem gemäßigten Klima wird sie wegen ihrer Schönheit oft mit Orchideen verglichen. Die Knolle kaufen Sie am besten im Frühjahr.

Äußere Erscheinung

Die Triebe von ***Gloriosa superba*** **'Rothschildiana'** wachsen mehr als 1 m in die Höhe. Ihre spitzen Blätter enden in Ranken, mit denen die Pflanze sich an eine Stütze klammern kann. Die einzeln stehenden Blüten treten aus den Blattachseln hervor. Die gewellten Blütenblätter drehen sich nach außen und geben ungewöhnlich große Staubgefäße frei. Die Blüte dauert bis September/Oktober.

Stellen Sie die Pflanzgefäße gut sichtbar auf der Terrasse oder am Hauseingang auf, damit Sie sich an den besonders attraktiven Blüten erfreuen können.

Kultivierung

Lassen Sie ab Februar/März jede Knolle in einem Topf mit 15 – 20 cm Durchmesser oder drei Knollen in einem 25 – 30 cm großen Topf im Frühbeet und bei mindestens 15 °C vortreiben. Anfang Juni können die Pflanzen an einen sonnigen windgeschützten Standort im Garten gebracht werden.

◀ Es gibt auch gelb blühende Sorten.

Blätter und Blüten enthalten ein giftiges Alkaloid und dürfen nicht verzehrt werden. Das Berühren der Knollen kann Hautreizungen auslösen.

Gegen Ende der Blütezeit nimmt man die Knollen aus der Erde und überwintert sie frostgeschützt in trockenem Torf.

▼ Stellen Sie die Knollen geschützt auf eine warme Unterlage (zum Beispiel auf dem Fensterbrett über dem Heizkörper), damit sie früher austreiben.

Pflege

Gießen Sie die Pflanzen in den Töpfen regelmäßig und geben Sie ihnen während der Wachstumsphase Flüssigdünger. Binden Sie die jungen Triebe auf.

Vermehrung

Die Ruhmeskrone kann nur von Profis vermehrt werden. Wenn eine Knolle abbricht, lässt man sie ganz normal in Erde anwachsen. Ein oder zwei Jahre später blüht sie wieder.

Schönranke

Eccremocarpus
Einjährige

Bignoniengewächse

Mitunter wird die Pflanze „Chilebignonie" genannt. Ihre Ranken klammern sich auch an kleinste Stützen und erinnern an Korallenkolliers. Die Schönranke ist so leicht, dass man sie dazu verwenden kann, andere Sträucher nach der Frühjahrsblüte erneut zu schmücken.

Äußere Erscheinung

Die biegsamen Triebe von ***Eccremocarpus scaber*** können bis zu 5 m hoch werden. Je 10–12 röhrenförmige Blüten in dunklem Orange stehen in Trauben und sind deutlich von den Blättern geschieden. Es gibt auch gelb und rot blühende Sorten.

Kultivierung

Ausgesät wird im Februar/März in Anzuchttöpfchen, die an einen geschützten warmen Platz gestellt werden. Sobald keine Fröste mehr zu erwarten sind, setzt man die jungen Pflanzen an ihren Standort ins Freie und gießt kräftig an. Der Boden soll fruchtbar und durchlässig sein, der Platz sonnig und windgeschützt. Die Triebe müssen angebunden werden.

Die Schönranke gelangte 1824 aus Chile zu uns. Der botanische Name *Eccremocarpus* kommt aus dem Griechischen (*ekkremes* = hängend und *karpos* = Frucht) und weist auf die Stellung der Früchte hin.

◀ In mildem Klima überdauern die Pflanzen den Winter und blühen erneut im folgenden Frühjahr.

Pflege

Stutzen Sie bei den kleinen Pflanzen den Haupttrieb, damit sie sich verzweigen.

Vermehrung

In unserem Klima ist nur die Vermehrung durch Samen möglich. Lässt man die Pflanzen bis zur Samenreife stehen, können diese gesammelt werden. Die Samen brauchen mindestens 16 °C, um zu keimen. Man sät jeweils drei Samen in ein Anzuchttöpfchen (10 cm). Sobald der Boden sich wieder erwärmt hat, wird ausgepflanzt.

Ein guter Rat

Kombinieren Sie die Schönranke mit anderen Kletterpflanzen – mit weißer oder blauen Waldreben, Kletterrosen, Geißblatt – oder lassen Sie sie an einer immergrünen Hecke wachsen, die im Sommer immer ein bisschen trist aussieht.

In milden Wintern (Frost bis höchstens –5 °C) hält die Pflanze sich mehrere Jahre. Schneiden Sie im März/April alle trockenen Vorjahresäste heraus; am Boden sprießen dann neue Triebe.

▲ Detailansicht einer Blütentraube. Die Farben werden mit der Zeit blasser.

Schwarzäugige Susanne

Thunbergia alata
Lächeln von Sansibar
Einjährige

Bärenklaugewächse

Die Gattung *Thunbergia* umfasst 100 Arten, von denen einige auch zu den Stauden oder Sträuchern zählen.

Äußere Erscheinung

Thunbergia alata bildet biegsame Triebe von über 1,5 m Länge. Der Schlund der intensiv gelben Blüten ist schwarz gefärbt. Es gibt auch Sorten, die weiß, hellgelb oder orangefarben blühen, mit oder ohne dunklem Auge.

Kultivierung

Thunbergia stammt aus dem tropischen Afrika. Temperaturen unter 7 – 8 °C verträgt sie nicht.

Die vorgezogenen Pflänzchen werden im April/Mai, sobald es nachts nicht mehr friert, ins Freiland gesetzt. Um anzuwachsen und sich gut zu entwickeln, brauchen sie genügend Wasser. *Thunbergia* mag fruchtbaren gedüngten und gleichbleibend kühlen Boden. Die Triebe der Schwarzäugigen Susanne wachsen leicht nach unten, wenn man sie nicht an

◀ Im Sommer windet sich die Schwarzäugige Susanne um kahle Äste von Sträuchern.

einer Stütze (dünnes Spalier, gespannter Draht) befestigt. Sie ist deshalb auch als Hängepflanze geeignet.

Pflege

Entspitzen Sie den Haupttrieb der jungen Pflanze, damit sie sich verzweigt. Gießen Sie, wenn es trocken ist, und geben Sie regelmäßig einen Dünger für Blühpflanzen. Damit der Saft sich auf die neuen Blütenknospen konzentriert, entfernen Sie alles Verblühte, bevor die Samen reifen können. Bekämpfen Sie Nackt- und Gehäuseschnecken.

▲ Großaufnahme von *Thunbergia*-Blüten.

Vermehrung

Am besten säen Sie in Anzuchttöpfe und vereinzeln die Pflänzchen, sobald sie drei oder vier Blätter haben. Reife Samen können Sie am Ende des Sommers ernten und bis zum nächsten Frühjahr trocken aufbewahren.

HÄTTEN SIE'S GEWUSST?

Der Name dieser Pflanze ehrt den großen schwedischen Arzt, Botaniker und Pflanzensammler Carl Peter Thunberg (1743 – 1828). Mit seinem Freund Linné unternahm er eine Expedition nach Japan. Drei Jahre lebte er in Südafrika, wo er die Sprache der Region lernte und am Cap Pflanzen sammelte. In Japan tauschte er sein medizinisches Wissen gegen neue Pflanzen, die er nach Europa brachte – Japanische Quitte, Goldröschen, Steinbrech, *Aucuba*, *Weigelia*. Wir verdanken ihm die Einführung von mehr als 3000 Pflanzen, von denen 1000 bis dahin den Europäern völlig unbekannt waren.

Sternjasmin

Trachelospermum Hundsgiftgewächse
Strauch

Diese aus China stammende, windende Liane ist nur bis – 5 °C frosthart. In Regionen mit mildem Klima kann sie ins Freiland gesetzt werden, ansonsten hält sie sich gut in Topfkultur und braucht während der kalten Jahreszeit einen geschützten Platz.

Äußere Erscheinung

Trachelospermum jasminoides wird bis zu 10 m hoch. Bei den Topfkulturen werden die Triebe zickzackförmig an einem Gerüst anspaliert.

Die immergrünen, langen festen Blätter leuchten dunkelgrün und können sich bei Kälte zu Bronze- oder Rottönen verfärben.

Die sommerliche Blüte dauert etwas länger als einen Monat. In kühlen Sommern werden nur wenige Blüten gebildet.

Die Blüten erinnern an die kleinen weißen oder cremefarbenen Blüten des Immergrüns. Sie stehen in Büscheln und duften wunderbar.

Die Sorte 'Variegata' hat cremefarben geränderte Blätter, die sich im Winter rot verfärben.

Der Sternjasmin ist viel robuster, als man denkt. Da sein Wuchs sich sehr gut begrenzen lässt, ist er ideal für Terrassen und Verandas.

Kultivierung

Pflanzen Sie in leichten, eher sauren durchlässigen Boden an sonniger und windgeschützter Stelle. Die Pflanze ist sehr empfindlich gegen Trockenheit; vor allem wenn sie im Topf wächst, müssen Sie regelmäßig gießen, damit sie nicht die Blätter verliert, was ein untrügliches Zeichen für Wassermangel und zu viel Wärme ist. Halten Sie den Jasmin an einer Süd- oder Westmauer oder in einem Topf, den Sie leicht in den Schatten bringen können.

▲ Die immergrünen Blätter und die reiche Blüte machen den Sternjasmin zu einer idealen Pflanze für die Veranda oder das Freiland, vorrausgesetzt Sie bieten ihm mildes Klima und eine geschützte Lage.

Pflege

Falls bei Freilandkultur starke Fröste drohen, häufeln Sie einen kleinen Erdwall um den Wurzelstock und packen Sie den oberirdischen Teil der Pflanze in Wachstumsfolie. Den Topfpflanzen geben Sie ab dem Frühjahr während der ganzen Saison mit dem Gießwasser regelmäßig Blühpflanzendünger.

Vermehrung

Triebe in Bodennähe können Sie absenken oder Sie schneiden nach der Blüte Stecklinge. Diese werden gepflanzt, nachdem der aus dem abgeschnittenen Trieb austretende, zähklebrige weiße Saft getrocknet ist.

◀ Sternjasmin mag keine Trockenheit und keine Wachstumsschwankungen. Geben Sie ihm im Sommer regelmäßig Wasser. Platzieren Sie die Pflanze günstig, sodass Sie ihre Schönheit und ihren Duft voll genießen können.

Sternwinde

Ipomea lobata
Einjährige

Windengewächse

Diese Pflanze stammt aus dem Süden Mexikos, und ihre Triebe können 5 m hoch werden. Aufgrund der gelb und rot gefärbten Blüten wird sie auch Spanische Flagge genannt.

In ihrer Heimat ist die Sternwinde ausdauernd, in frostgefährdeten Gebieten wird sie als Einjährige gezogen. Sie ist außerordentlich wärmeliebend und erfreut bei höheren Temperaturen mit außerordentlichem Blütenreichtum.

Kultivierung

Säen Sie im Frühjahr in Anzuchttöpfe im Frühbeet oder direkt ins Freie an einen sonnigen geschützten Platz. Sorgen Sie für ein stabiles Spalier, an dem die Pflanze hochwachsen kann.

Samen und Jungpflanzen benötigen ausreichend Feuchtigkeit. Mulchen Sie den Boden während der Sommermonate und fügen Sie dem Gießwasser regelmäßig Flüssigdünger zu. In mildem Klima kann die Pflanze bis auf den Wurzelstock zurückgeschnitten und dann mit einer schützenden Laubschicht abgedeckt werden. Die Sternwinde ist frosthart bis –5 °C und wächst im nächsten Frühjahr wieder nach.

Die Vermehrung geschieht durch Samen. Vor der Aussaat müssen die Samen über Nacht in Wasser eingeweicht werden.

Trompetenblume

Campsis
Trompetenwinde
Strauch

Bignoniengewächse

Die Trompetenblume bildet Luftwurzeln, mit denen sie sich leicht festhalten kann. Vor den leuchtenden sommergrünen Fiederblättern kommen die üppigen Trompetenblüten im Sommer großartig zur Geltung.

Äußere Erscheinung

Campsis grandiflora, die Chinesische Trompetenwinde, kam 1800 aus Asien zu uns. Sie ist die Schönste der Gattung, aber am wenigsten frosthart und verträgt keine Temperaturen unter – 8 °C. Da sie 6 – 8 m hoch werden kann, muss sie anspaliert werden; sie bildet nur wenige oder keine Luftwurzeln. Die Blüten sind lebhaft orange bis scharlachrot und erscheinen am Ende des Sommers.

Campsis radicans, die Amerikanische Trompetenwinde, stammt aus Nordamerika und ist seit 1640 bei uns bekannt. Diese sehr wüchsige Pflanze (mindestens 10 m hoch) klettert nur mithilfe ihrer Luftwurzeln aufwärts. Sie ist sehr frosthart (bis – 20 °C), blüht aber weniger üppig. Es dauert

▲ 'Mme Galen' ist die meistkultivierte Hybride der Trompetenblume. Im Sommer leuchten ihre Blüten in kräftigem Orange.

ungefähr zehn Jahre, bis man Blüten zwischen dem Laub entdeckt.

Campsis x tagliabuana vereint die Schönheit der asiatischen Trompetenblume mit hervorragender Frosthärte (bis – 15 °C). Diese wüchsige Hybride kann sich ohne Hilfe emporranken. Am häufigsten wird die Kultivare 'Mme Galen' gezüchtet, die herrliche Blüten in kräftigem Orange bekommt.

Kultivierung

Diese Pflanzen brauchen volle Sonne, Wärme und Licht. Pflanzen Sie sie zwischen Herbst und Frühjahr, aber nicht bei Frostwetter, in fruchtbaren Boden. Falls der Boden nährstoffarm ist, geben Sie jedes Jahr zum Frühjahrsbeginn einen Volldünger. Bei trockenem Wetter im Sommer müssen die jungen Pflanzen gegossen werden. Mulchen Sie den Boden um den Wurzelhals, um die Feuchtigkeit im Boden zu halten. Schneiden Sie die Zweige nach der Blüte oder im Februar/März bis auf das dritte oder vierte Auge über dem Haupttrieb zurück, so wird der Umfang der Pflanze verkleinert und eine reichliche Blüte gefördert. Voraussetzung für eine üppige Blüte ist allerdings vor allem ausreichende Sonneneinstrahlung. Die Trompetenblume hat kaum natürliche Feinde.

Ist die Trompetenblume erst einmal heimisch geworden, dann ist sie ziemlich pflegeleicht. Für den Garten am Ferienhaus ist sie die ideale Kletterpflanze.

Vermehrung

Man kann einen tief wachsenden Trieb mit Luftwurzeln absenken. Weniger erfolgversprechend ist die Stecklingsvermehrung im Sommer mit einem nicht blühenden Zweig oder im Herbst mit einem Wurzelsteckling im Frühbeet. Manchmal lässt sich auch ein brauchbarer Ableger nehmen.

HÄTTEN SIE'S GEWUSST?

Der botanische Name *Campsis* kommt vom griechischen *kampsis* und bedeutet Krümmung. Gemeint ist die gebogene Triebspitze, an der die farbigen Trompetenblüten sitzen. Die auch noch gebräuchliche Bezeichnung Bignonie dagegen erinnert an den Abbé J.-P. Bignon, Oratorianermönch und Bibliothekar von Louis XV.

Waldrebe

Clematis
Strauch

Hahnenfußgewächse

▲ *Clematis montana* 'Tetrarose' blüht im Frühling verschwenderisch vor purpurgrünem Laub.

Diese Gattung weist einen großen Reichtum an Arten, Sorten, Formen, Farben und Blühzeiten auf. Aus etwa 200 botanischen Arten haben die Gärtner im Laufe von Jahrhunderten eine beachtliche Zahl ausgezeichneter, für die Kultivierung im Garten geeigneter Sorten gezüchtet.

▼ Die ausdauernde, wüchsige und frostharte *Clematis armandii* blüht schon ab März.

Mal krautig, meist verholzt oder halbverholzt, sind die Waldreben windende Pflanzen, die sich einzig mit biegsamen Blattstielen um eine Stütze wickeln. Die Blüten sind oft sternförmig, können aber ebenso röhrenförmig oder glockig sein. Die Früchte enden in samtig schimmernden flauschigen Büschelchen, die in der Nachsaison sehr dekorativ aussehen. In den Pflanzenkatalogen werden die Waldreben traditionell in kleinblütige und großblütige Sorten eingeteilt. In jeder Gruppe gibt es zahlreiche Hybriden.

Kleinblütige Waldreben

Sie können im Frühling auf verholzten Vorjahrestrieben blühen oder im Sommer auf diesjährigen Trieben. In jedem Fall muss nach der Blüte ein Schnitt erfolgen, bei dem schwache, abgeblühte Triebe und abgestorbenes Holz entfernt werden. Ein Schnitt ist nicht zwingend notwendig – er kann aber den Wuchs der Pflanzen begrenzen und besser steuern.

▲ Die glänzenden wolligen Früchte wirken noch in der schlechten Jahreszeit dekorativ.

Clematis alpina, die Alpenwaldrebe, ist ein Zwergstrauch (2 – 3 m), der kleine Flächen bewachsen und sogar in Trögen oder Töpfen kultiviert werden kann. Sie ist frosthart (bis – 25 °C), schmückt sich im Frühsommer mit glockigen blauen, weißen oder rosafarbenen Blüten mit weißen Staubgefäßen. An Einfriedigungen, Mauern, auch an einer wintergrünen Hecke wirkt sie sehr dekorativ, sogar nach der Blüte, wenn die seidig-silbrigen Früchte erscheinen.

'Columbine'	blasslavendelblau, spitze Blütenblätter
'Francis Rivis'	leicht gedrehte, mittelblaue Blüten
'Pamela Jackman'	tiefblau
'Jacqueline Dupré'	große silbrig geränderte, rosa Blüten
'Ruby'	lebhaft rosa, cremefarbene Staubgefäße
'Willy'	blassrosa, mit rotem Fleck am Grund der Blütenblätter
'White Moth' und 'White Columbine'	rein weiß

Clematis macropetala steht ***Clematis alpina*** ziemlich nahe und ist ebenfalls frosthart. Gegen Ende des Frühlings bekommt sie halbgefüllte Blüten, meistens in Nuancen von Blau bis Violett.

'Ballet blanc'	kleine weiße, stark gefüllte Blüten
'Blue Bird'	malvenblaue, längliche, glockige Blüten
'Maidwell Hall'	klares Blau, Blüten außen dunkler
'Markham's Pink'	große, blasserdbeerfarbene Blüten, weiße Mitte, sehr wüchsig
'Snow Bird'	rein weiß, blüht später
'White Swan'	weiße gefüllte Blüten, sehr blühfreudig

Clematis armandii stammt aus China und ist eine sehr wüchsige Kletterpflanze (6 m); ihre immergrünen länglichen Blätter sind ledrig, dunkelgrün und geädert. Die Blüten haben vier weiße bis cremeweiße Blütenblätter und stehen in dichten Büscheln, die einen köstlichen Vanilleduft verströmen. Sie ist eine der am frühesten blühenden Waldreben. In warmen Regionen kann sie bereits Anfang März zu blühen beginnen und blüht dann oft bis Mitte April. Sie gilt allgemein als eine der schönsten ausdauernden Waldreben, ist recht frosthart (bis – 15 °C) und liebt einen sonnigen Standort und gut durchlässigen Boden. Der berühmte englische Botaniker Ernest Wilson brachte sie im Jahr 1900 nach Europa.

'Apple Blossom'	rein weiß, Blütenknospen rosa, junges Laub bronzegrün
'Snowdrift'	weiß, stark duftende Blüten mit großen Blumenkronen

Clematis montana stammt von den Ausläufern des Himalaja und aus dem westlichen China. Sie zählt unbestreitbar zu den frosthärtesten (bis – 20 °C), wüchsigsten (10 – 12 m) und blühfreudigsten Arten. Vier einfache weiße Blütenblätter sind um ein Herz von Staubgefäßen angeordnet. Die Blüten haben einen Durchmesser von 5 – 6 cm und duften zart nach Vanille. *Clematis montana* blüht von April bis Juni und hat eine kurze Nachblüte im September.

▲ *Clematis montana* 'Elizabeth': Die reiche Blüte verdeckt das Laub.

'Alba'	rein weiß, hellgrünes Laub
'Elizabeth'	blassrosa, Blätter purpurn getönt
'Grandiflora'	weiße Blüten, gedeiht auch in Nordlage
'Marjorie'	halbgefüllte cremefarbene Blüten, orangerosa überhaucht
'Mayleen'	große rosa Blüten im Mai/Juni, bronzegrünes Laub, Nelkenduft
'Rubens'	hell malvenfarbig, Laub rötlich
'Tetrarose'	tiefrosa bis purpurrot, große Blüten, rotgrünes Laub
'Wilsonii'	cremeweiß, gelbe Staubgefäße, Kelchblätter mit gewelltem Rand, stark duftende Blüten

Clematis chrysocoma, die Goldschopfige Waldrebe, wird kaum 6 m hoch und ist somit weniger wüchsig als *Clematis montana*. Dagegen ist sie frosthart bis –15 °C. Im Mai/Juni trägt sie viele rein weiße Blüten mit goldgelber Mitte. Ausnahme: 'Rosea' blüht blassrosa.

Clematis x vedrariensis ist sehr frosthart (bis – 20 °C) und wird etwa 7 m hoch. Die Blätter sind gezähnt, behaart und purpurfarben, die blassrosa Blüten haben einen Durchmesser von 5 cm. Bei der Sorte 'Hidcote' sind die Blumenkronen kleiner, aber kräftiger getönt.

Clematis cirrhosa* var. *balearica mit farnähnlichen Blättern, findet man auf Korsika und den Balearen. Die stark gezackten dünnen immergrünen Blätter werden im Winter bronzefarben. In mildem Klima blüht die Pflanze sehr früh von Januar bis März. Sie bevorzugt einen sehr warmen Standort. Die Sorte 'Freckles' blüht cremeweiß mit einem Hauch Rosa und ist im Innern der Blütenblätter rötlichbraun gefleckt.

▲ *Clematis* 'Ernest Markham's' blüht in schönem warmen Samtrot.

Clematis texensis, die Texas-Waldrebe, stammt, wie der Name besagt, aus Texas. Sie ist nicht sehr wüchsig (2–3 m), aber ausgesprochen frosthart (bis – 25 °C), blüht allerdings nur in voller Sonne reichlich. An den halbkrautigen Trieben sitzen ledrige blaugrüne Blätter und kleine aufrechte Blüten, die an Tulpen oder Zwerglilien erinnern. Diese Waldrebe blüht von Juli bis Oktober in Nuancen von Rot bis Purpur. Als ausgesprochene Sonnenpflanze verträgt sie trockenes Wetter sehr gut.

'Duchess of Albany'	rosa mit dunklerem Streifen in der Mitte
'Étoile rose'	rosa geränderte Blüten in hübschem Kirschrot
'Gravetye Beauty'	scharlachrot, später verblassend, sehr elegante schmale Blütenblätter
'Sir Trevor Lawrence'	anmutige kirschrote Blüten, cremefarbene Staubgefäße

Die Texas-Waldreben müssen spätestens im zeitigen Frühjahr streng zurückgeschnitten werden, um von Anfang an einen dichten neuen Wuchs der Pflanzen zu fördern. Oft sterben in etwas harten Wintern die oberirdischen Triebe ab, während der Wurzelstock wie eine ausdauernde Pflanze unbeschadet überlebt.

▲ 'Ville de Lyon' in tiefem Karminrot

Clematis viticella, die Italienische Waldrebe, ist eine europäische Pflanze. Ihre dünnen Triebe werden 3–4 m hoch und blühen im Sommer verschwenderisch duftend in bläulichrosa. Sie ist eine der schönsten und blühfreudigsten Waldreben; aus ihr wurden zahlreiche Sorten gezüchtet. *Clematis viticella* ist recht frosthart (bis –20 °C), liebt Sonne, gedeiht aber auch im Halbschatten.

'Alba Luxurians'	weiß, blass malvenfarbig getönt, glockig, Spitzen der Blütenblätter oft grün
'Ernest Markham'	samtig rot
'Étoile Violette'	schöne violettpurpurne Blüte, cremefarbene Mitte, sehr blühfreudig
'Kermesina'	karminrot, schwarze Staubbeutel
'Mme Julia Correvon'	kräftig rot, Spitzen der Blütenblätter gebogen, schönste kleinblütige rote Waldrebe
'Margot Koster'	rosaviolett
'Minuet'	cremeweiße Blüten mit malvenfarbigen Rändern
'Purpurea Plena Elegans'	dicht gefüllte purpur-malvefarbene Blüten, an der Unterseite blasser
'Venosa Violacea'	weiße Blüten, purpurrot geädert
'Ville de Lyon'	karminrot, an den Rändern dunkler
'Voluceau'	magentarot

Die Art muss zum Winterende oder im zeitigen Frühjahr bis auf 30 cm über dem Boden zurückgeschnitten werden.

▼ 'Orange Peel' blüht den ganzen Sommer über bis Ende Oktober. Die Knospen öffnen sich mit dicken gelben Kelchblättern.

Clematis orientalis kommt wildwachsend vom Kaukasus bis zur Mandschurei vor. Sie ist recht wüchsig, wird leicht 6 m hoch und ist frosthart (bis –20 °C). Sie hat gelappte, dicht wachsende Blätter. Die Blüte beginnt im Sommer und dauert bis Ende Oktober. Die kleinen grüngelben Blütenkronen sind außen oft purpurrot getönt. Wenn die dicht hängenden Knospen sich öffnen, erkennt man dicke fleischige Kelchblätter, die einer Sorte zu dem Namen 'Orange Peel', Orangenschale, verholfen haben. Im Herbst und Winter wirken die vielen Früchte ausgesprochen dekorativ.

'Bill MacKenzie'	kräftiger gelb als die Stammpflanze
'Corry'	hellgelb, größere Blüten
'Helios'	intensiver gelb, Blütenblätter sternförmig

Clematis tangutica, die Mongolische Waldrebe, ist mittelgroß (4–5 m), schnell wachsend und außerordentlich frosthart (bis – 25 °C); sie ist die schönste kleinblütige gelbe Clematis. Die Blüten mit spitzen Blütenblättern sind 3–4 cm breit und sehen aus wie hängende Laternchen. Die Blüte dauert vom Sommer bis in den Herbst, danach erscheinen in der Nachsaison zahlreiche dekorative Früchte.

▲ *Clematis florida* 'Sieboldii' im Juni: cremefarbener Grund mit purpurvioletten Staubblättern.

Clematis serratifolia, aus Korsika stammend, wird 3–4 m hoch, blüht verschwenderisch von August bis Oktober und ist sehr frosthart (bis – 20 °C). Die gelben, zunächst hängenden Blüten duften nach Zitronen. Sie sehen aus wie Sterne mit purpurnem Herz. *Clematis serratifolia* ähnelt *Clematis tangutica*, blüht aber kleiner, später und reicher.

Clematis flammula, die Brennende Waldrebe, findet man wildwachsend von Europa bis zum Iran. Da sie wüchsig (4–5 m) und sehr frosthart (bis – 20 °C) ist, eignet sie sich gut für das Begrünen einer Mauer in geschützter, sonniger Lage. Nach den weißen duftenden Blüten erscheinen wollige Früchte.

'Rubra marginata' mit rot geränderten Blütenblättern sollte nach der Blüte möglichst zurückgeschnitten werden.

***Clematis* 'Durandii'** ist eine Hybride aus *C. integrifolia* und *Clematis* 'Jackmanii'. Ihre halbkletternden Triebe wachsen bis 3 m hoch. Von Juni bis September öffnen sich Blüten mit einem Durchmesser von 8–10 cm. Die Blüten haben vier indigoblaue, sternförmig angeordnete, dünne Kelchblätter und cremefarbene Staubgefäße. Zum Winterende muss ein Schnitt durchgeführt werden.

Clematis x jouiniana bildet drei- oder fünflappige Blätter und wird 4–5 m hoch. Die kleinen bläulichen Blüten, die von August bis Oktober erscheinen, gleichen denen von Hyazinthen und locken Bienen an. Die Triebe sind auf 1 m verholzt. Daraus sprießen in jedem Frühjahr Jahrestriebe.

'Mrs Robert Brydon'	bläulich malvenfarbig
'Praecox'	blasses Lavendelblau, blüht ab Juli

► Rechte Seite: *Clematis* 'Hagley' in voller Blüte

Großblütige Waldreben

Zur Gruppe der großblütigen Waldreben zählen zahlreiche Sorten mit großen tellerförmigen, meist pastellfarbenen Blüten. Diese Hybriden sind aus nur wenigen Arten entstanden, im Einzelnen ist das schwer nachweisbar. Gemeinsam ist allen großblütigen Waldreben, dass sie den Kopf in der Sonne und die Füße im Schatten haben wollen. Auf den Ziegel, der oft zur Beschattung des Stängelgrundes empfohlen wird, sollten Sie lieber verzichten, denn er verhindert, dass der Regen an die Wurzeln gelangt. Besser ist eine Unterpflanzung mit einer flachwüchsigen Staude, die so gepflanzt wird, dass sie Schatten spendet, ohne die Entwicklung der Clematis zu stören.

Hybriden haben oft höhere Ansprüche an den Standort als die botanischen Arten.

▲ *Clematis* 'John Huxtable' blüht von Juni bis Oktober. Weißblühende Waldreben sind selten.

Die großblütigen Waldreben mögen tiefen, lockeren und fruchtbaren Boden, der kühl bleibt und nicht staunass wird. Beim Pflanzen mischt man dem Boden deshalb Kompost, Blätterkompost, Torf oder verrotteten Stallmist bei. Bei sehr lehm- oder kalkhaltigem oder sandigem Boden tauscht man am besten Erde aus. Auf den Boden des Erdlochs kommt eine Dränageschicht, darüber fruchtbare Erde, die mit einem kalium- und phosphatreichem Dünger noch verbessert wurde.

In Gärtnereien und in Spezialkatalogen ist die Auswahl an großblütigen Sorten mittlerweile sehr umfangreich und Sie werden sicher eine Pflanze finden, die Ihren Bedürfnissen und Ihrem Geschmack am ehesten entspricht.

Weiß blühende Waldreben	
'Duchess of Edinburgh'	cremefarbene, manchmal grün unterlaufene Staubgefäße, gefüllte Blüten, Juni bis September
'Schneeglanz'	große, spitz zulaufende Kelchblätter, Juni bis September
'John Huxtable'	große Blüten mit ovalen Kelchblättern, Juni bis Oktober
'Madame le Coultre' ('Marie Boisselot')	besonders weiße, große Blüten (15–18 cm), Juni bis Oktober
'Marie Van Houtte'	perlmuttweiß, braune Mitte, Juni bis September
'Snow Queen'	weiß, braune Mitte, bläulicher Schimmer

▲ Herz einer Blüte von 'Nelly Moser', einer klassischen Hybride, die Halbschatten bevorzugt.

Rosa blühende Waldreben	
'Bee's Jubilee'	malvenfarbig schimmernde Blüten, cremefarbene Staubgefäße, Mai bis Juni, Nachblüte im September, wenig wüchsig
'Comtesse de Bouchaud'	warmes Rosa, Juni bis Oktober
'Docteur Ruppel'	tiefrosa, in der Mitte dunklere Kelchblätter, Mai bis Juni, Nachblüte im September
'Hagley Hybrid'	garnelenrosa mit purpurner Mitte, Juni bis September
'John-Paul II'	rosa-weiß, malvenfarbig getönt, Juni bis September, ab dem 2. Jahr sehr blühfreudig
'Kathleen Dunford'	purpurrosa, Blüten im Frühsommer halbgefüllt, zum Ende des Sommers (September) einfach gefüllt
'Marcel Moser'	rosamalvenfarben mit purpurner Mitte, Mai bis Juni und September
'Nelly Moser'	rosamalvenfarben mit karminrotem Mittelstreifen, Mai bis Juni und September, eher an Nord- oder Ostseite pflanzen
'Proteus'	lila mit gelber Mitte, gefüllte Blüten im Mai bis Juni und einfache am Ende des Sommers

Rot blühende Waldreben	
'Ernest Markham'	magentarot mit brauner Mitte, Juli bis Oktober, liebt volle Sonne
'Madame Grange'	dunkelpurpurrot mit purpurner Mitte, Juli bis Oktober
'Margot Koster'	hellrot, schmale sternförmige Kelchblätter, Juli bis Oktober
'Niobe'	dunkelsamtrot mit gelber Mitte, Juni bis September
'Rouge Cardinal'	dunkelrot, Juni bis September
'Ville de Lyon'	samtig zinnoberrot mit gelber Mitte, Juni bis Oktober

► *Clematis* 'Niobe' blüht den ganzen Sommer über in schönem samtigen Dunkelrot.

Blau blühende Waldreben	
'Alice Fisk'	weiße Mitte, spitze Kelchblätter, Mai bis Juni und September
'Daniel Deronda'	ultramarinblau mit gelber Mitte, Juni bis Juli und September, Blüten anfangs halbgefüllt
'H. F. Young'	blauviolett mit cremefarbener Mitte, Mai bis Juni und September, sehr blühfreudig
'Lasurstern'	lavendelfarben mit cremefarbener Mitte, Mai bis Juni und September bis Oktober
'Perle d'Azur'	lavendelfarben mit cremefarbener Mitte, Juni bis September
'Prince Charles'	blau mit dunkler Mitte, Juni bis September
'Ramona'	lavendelfarben mit purpurner Mitte, Juni bis September
'The President'	blauviolett mit purpurner Mitte, Mai bis Oktober
'Vyvyan Pennell'	malvenfarben mit cremefarbener Mitte, Frühling bis September
'W. E. Gladstone'	lavendelfarben mit purpurner Mitte, Juni bis Oktober
'William Kennett'	hellblau mit roter Mitte, Mai bis Juni und September
'Yvette Houry'	lavendelfarben mit weißer Mitte, Mai bis Juni und September

► *Clematis* 'William Kennett' trägt große blaue Blüten im Mai bis Juni und im September bis Oktober.

Violett blühende Waldreben	
'Barbara Jackman'	malvenblau mit magentaroten Mittelstreifen, Mai bis Juni und September
'Gipsy Queen'	purpurne, samtige Blüten, Juli bis Oktober
'Jackmanii'	besonders robust, weiße Mitte, Juni bis September
'Kasper'	dunkelviolette, samtige Blüten, Mai bis Juni und September
'Star of India'	sternförmige purpurfarbene Blüten mit weißer Mitte, Juni bis September
'Venosa'	dunkelviolett mit weißer und gelber Mitte, Mai/Juni und September

Waldreben, die vor Juni blühen, müssen Sie direkt nach der Blüte zurückschneiden, um den guten Wuchs zu erhalten und eine Nachblüte zu fördern. Von Juni bis August blühende Sorten werden im Winter (bis auf 20–30 cm über dem Boden) zurückgeschnitten.

◄ *Clematis x jackmanii* ist wegen ihrer Robustheit so beliebt.

▲ *Clematis* 'Rouge Cardinal' blüht dunkelrot. Wie bei vielen Waldreben kann die Blüte vier bis sechs Blütenblätter haben.

Kultivierung

Pflanzen Sie Waldreben zwischen Oktober und April, aber nicht, wenn es friert oder heftig regnet. Schwere oder sehr sandige Böden sind ungeeignet, sie müssen im ersten Fall mit Sand, Torf, oder feinem Kies, im zweiten mit Kompost und gut verrottetem Stallmist verbessert werden. Waldreben blühen fleißig in der Sonne und im Halbschatten, mitunter sogar im Schatten. Wichtig ist jedoch, dass die Wurzeln sich in einer kühlen und schattigen Umgebung, die nie austrocknen darf, ausbreiten können. Vor allem die Triebe der großblütigen Sorten fürchten die austrocknende Wirkung der Winde.

Die kräftigen und stark wüchsigen Waldreben können hoch und schwer werden. Daher muss auf stabile Stützen geachtet werden. Waldreben ranken sich von allein mithilfe von Blattstielen empor. Achten Sie jedoch darauf, die dünnen Jungtriebe, vor allem die in Bodennähe, zum Wachstumsbeginn zwischen März und Mai zu lenken.

Pflege

Damit sie wächst und gedeiht, muss die Pflanze jedes Jahr im Frühling gedüngt und mit Kompost oder gut verrottetem Stallmist gemulcht werden.

Eine regelmäßige Kontrolle auf Befall von gefräßigen Nackt- und Gehäuseschnecken ist wichtig. Die Tiere müssen gegebenenfalls abgesammelt werden. Vor allem an großblütigen Hybriden können manchmal urplötzlich Triebe und Blätter vertrocknen. Ursache ist die Clematis-Welke. Reißen Sie die Pflanzen dann nicht etwa aus, sondern schneiden Sie sämtliche Triebe bis auf den Boden zurück. Der Pilzbefall lässt sich beträchtlich begrenzen, wenn Sie den Wurzelballen sehr tief einpflanzen (15 – 20 cm tief), dies bewirkt gleichzeitig eine bessere Entwicklung von kräftigen Trieben.

Vermehrung

Gute Ergebnisse werden durch Stecklingsvermehrung erzielt, indem man im Juni/Juli halbverholzte Stecklinge in feuchten Sand setzt. Tauchen Sie die Stecklingsenden in Bewurzelungspulver. Damit lässt sich die Bewurzelung beschleunigen.

► Rechte Seite: *Clematis* 'Daniel Deronda' blüht am Anfang und am Ende des Sommers.

▲ *Clematis flammula* hat sich noch etwas vom Charakter der duftenden und wuchernden Wildpflanze bewahrt.

Die prophylaktische Behandlung mit einem Breitband-Fungizid beugt Pilzerkrankungen vor, die die Stecklinge schnell vernichten können.

Das Absenken niedrig wachsender Triebe in einen Topf mit einem Gemisch aus Sand und Humus bringt ausgezeichnete Ergebnisse.

Botanische Arten kann man durch Samen vermehren. Die im Handel erhältlichen Waldreben sind meistens auf *Clematis vitalba* veredelt und wachsen daher kräftig und schnell. Das Veredeln ist allerdings Fachleuten vorbehalten.

Nützliche Hinweise

Waldreben sind launische Geschöpfe. Falls Ihr erster Kultivierungsversuch misslingt, pflanzen Sie an einer anderen Stelle. Bei wiederholten Misserfolgen müssen Sie es mit einer anderen Sorte probieren.

Schwache und mickrige Pflanzen werden kräftig, wenn man sie bis fast auf den Boden zurückschneidet. Sie setzen vielleicht ein Jahr mit der Blüte aus, sind danach aber gesund.

Manche Waldreben sind so leicht, dass Sie einen Strauch, eine Hecke oder eine wintergrüne Pflanze damit schmücken können, ohne dass Letztere dabei erdrückt werden. Wählen Sie für diesen Zweck schwach wüchsige Sorten, die sich problemlos an den lebenden Kletterhilfen empor ranken können.

Die blauen und rosa Farbtöne der großblütigen Waldreben bleichen in greller Sonne rasch aus. Sie sollten zwischen 12 und 16 Uhr Schatten bekommen.

HÄTTEN SIE'S GEWUSST?

Der Saft von *Clematis flammula* kann stark hautreizend wirken. Bettler machten sich dies früher zunutze, um Wunden hervorzurufen und damit bei den Passanten Mitleid zu erregen – daher der Name „Bettlerkraut". Alle Teile der Waldreben führen bei Berührung mit der Haut zu Reizung, Rötung und Blasenbildung. Wer empfindliche Haut hat, sollte deshalb Handschuhe tragen.
***Clematis vitalba* kann man im Frühjahr an Stelle von Spargel essen oder in Essig einlegen. Sehr junge Sprosse schmecken kaum bitter. Ziegen knabbern sie bis Ende April.**

Weinrebe

Vitis
Weintraube
Strauch

Weinrebengewächse

Die dekorativen Weinreben haben dichtes sommergrünes Laub, das sich im Herbst wunderbar verfärbt. Außer von Insekten werden die grünen Blüten kaum bemerkt, aus ihnen entwickeln sich traubenförmig angeordnete, teilweise essbare Beeren. Die wüchsigen Pflanzen sind frosthart bis – 20 °C.

Je mehr Wärme und Licht Weinreben im Sommer bekommen, desto lebhafter färbt sich das Laub im Herbst.

***Vitis* 'Brant'** ist ein wahres Schmuckstück mit sattgrünen, purpurn getönten Blättern, die sich im Herbst bronzerot färben, aber grüne oder gelbe Blattadern behalten. Ihre essbaren blauschwarzen Beeren sind nicht nur bei Vögeln beliebt.

Vitis coignetiae, die Rostrote Rebe, erinnert mit ihrem Namen an Madame Coignet, die Schwester des Rosenzüchters Jean Sisley, der die ersten Samen aus Japan mitbrachte. Diese wüchsige Rebe braucht Platz, um sich auszubreiten; sie kann in einer einzigen Saison 10 m wachsen und die Äste eines Baums umschlingen, ohne diesen zu beschädigen. Im Herbst entwickeln sich blauschwarze ungenießbare Früchte.

Die großen rundlichen, hellgrünen Blätter färben sich scharlach- oder orangerot.

Vitis davidii, die Chinesische Weinrebe, kann 8–10 m hoch werden. An den jungen Sprossen sitzen gebogene Dornen, mit denen sie sich festhaken kann. Die dunkelgrünen Blätter (10–25 cm) mit bläulicher Unterseite zeigen sich im Herbst in lebhaften Rottönen. Die schwarzen Beeren sind essbar. Diese Weinrebe wurde 1872 von dem Mönch Armand David entdeckt, einem der größten französischen Naturforscher des 19. Jahrhunderts.

▲ Wenn die Tage kürzer werden, färbt sich *Vitis coignetiae* feuerrot.

Seit ewigen Zeiten schätzt man den Saft des Rebstocks, der „des Menschen Herz erfreut" – wie es in der Bibel heißt. Bei vielen Krankheiten empfahl man auch seine Blätter.

Vitis labrusca, die Fuchs-Rebe, wächst wild in den USA und ist die Ausgangsart zahlreicher Hybriden. Sie ist sehr wüchsig und kann mehr als 10 m hoch werden. Die filzigen jungen Triebe tragen herzförmige dunkelgrüne, unterseitig rostfarbene Blätter. Die schwarzen Beeren sind essbar und schmecken nach Muskat.

Vitis amurensis, die Amur-Rebe, ist eine ausgesprochen wüchsige Art. Im Herbst färben sich die herzförmigen Blätter rot und purpurn. Die weiß bereiften, schwärzlichen Trauben, die sich im Spätsommer bilden, sind nicht genießbar.

Vitis riparia, die Ufer-Weinrebe, ist ein amerikanisches Gewächs. Sie diente als Pfropfunterlage bei der Neubepflanzung, nachdem die Reblaus in den europäischen Weinbaugebieten gewütet hatte. Die Blüten dieser wüchsigen Rebe duf-

► Die Weinrebe ist dekorativ und produktiv zugleich.

ten herrlich und entwickeln sich zu kleinen rötlich schwarzen, säuerlichen Beeren, aus denen man ein leckeres Gelee zubereiten kann.

Vitis vinifera, die Gewöhnliche Weinrebe, stammt vermutlich aus der Umgebung des Kaspischen Meers. Die Sorte 'Purpurea' erkennt man an den flaumigen Trieben, die erst zartrosa und später grün sind. Im Herbst färbt sich die ganze Pflanze purpurviolett. Die Früchte sind klein und ungenießbar.

▲ Hier noch kräftig grün, bekommt die Weinrebe im Herbst lebhafte Blattfarben.

Kultivierung

Obgleich die Weinreben weitgehend frosthart sind, mögen sie einen warmen, sehr sonnigen Standort. Sie akzeptieren einen gut durchlässigen, steinigen und sogar stark kalkhaltigen Boden. Pflanzen Sie zwischen November und März und gießen Sie die jungen Reben bei Trockenheit.

Bevor Sie eine Weinrebe kaufen, überlegen Sie, wie groß und wie schwer die ausgewachsene Pflanze sein wird. Sie braucht reichlich Platz, aber der grüne Mantel, den sie bildet, kann eine Laube oder ein Gartenhäuschen begrünen und im Sommer Schatten spenden.

Kontrollieren Sie Ihre Reben auf Pilzbefall (Echter Mehltau, Falscher Mehltau, Rost) und behandeln Sie sofort.

Schneiden Sie Triebe, die zu stark gewachsen sind, zum Winterende heraus. Im Sommer können Sie problemlos auch „ins Grüne" schneiden, um das Wachstum zu begrenzen.

Vermehrung

Schneiden Sie im Juli/August reife Stecklinge und setzen Sie diese in Töpfe mit feucht gehaltenem Sand. Nur ein Auge (Knospenansatz) darf herausschauen. Im Winter können Sie auch Stecklinge mit schlafenden Augen (unter der Rinde befindliche Knospenansätze) horizontal auf ein Sandbett legen. Das Absenken von niedrig wachsenden Zweigen führt in kühler Erde zu rascher Bewurzelung.

HÄTTEN SIE'S GEWUSST?

Die Wiege der Weinrebe steht in Kleinasien, wo auch das Keltern erfunden wurde. 1700 Jahre vor unserer Zeit verstanden sich die Griechen auf diese Kunst, die Römer seit dem 9. und die Gallier seit dem 6. Jahrhundert. Die Karolinger förderten den Weinbau gewaltig; sie pflanzten Weinstöcke um die Klöster. Seine größte Ausdehnung in Europa erfuhr der Weinbau zwischen dem 16. und 17. Jahrhundert. Der Niedergang geschah unter dem Protestantismus, als zahlreiche Klöster säkularisiert wurden, sowie angesichts mangelnder Transportwege und höherer Ansprüche an die Qualität des Weins.

Wicke

Lathyrus
Einjährig oder ausdauernd

Hülsengewächse

Jeder Gärtner träumt von Wicken aufgrund ihrer Farbenpracht und ihres Wohlgeruchs. Diese rankenden Pflanzen halten sich an der geringsten Stütze fest und blühen den ganzen Sommer über bis zum Herbst.

Zögern Sie nicht, eine im Sommer etwas triste Hecke oder die Triebe einer Kletterrose von Wicken beranken zu lassen. Sie können überall ein paar Wicken pflanzen und hübsche Sträuße für die Wohnung binden, denn die Blumen halten sich gut in der Vase.

Lathyrus latifolius, die Breitblättrige Platterbse, kennt man auch unter dem Namen Staudenwicke. Sie ist sehr frosthart und kann 2 m hoch klettern. An Trieben und geflügelten Blattstielen sitzen große gefiederte Blätter, aus deren Blattachseln starre Blütenschäfte wachsen, an denen sich 8–15 rosa- bis purpurfarbene, nicht duftende Blüten befinden. Diese Wicke ist am leichtesten zu kultivieren. In jedem Frühjahr kehrt sie im Garten wieder. Es gibt einige schöne reinweiße Sorten: 'Albus', 'White Pearl', 'Snow Queen'.

Lathyrus odoratus, die Wohlriechende Wicke, also die echte Duftwicke ist eine einjährige Pflanze, die anspaliert 2 m hoch werden kann. Ihre zahlreichen Hybriden bieten eine erstaunliche Farbskala von zartem Pastell bis zu den kräftigsten Farben. Die Blütenblätter sind unter anderem gewellt, glatt, zerdrückt oder gestreift. Die alten Sorten können wunderbar duften, was bei den modernen selten der Fall ist. Jeder Blütenschaft vereint fünf bis zwölf Blumenkronen, die deutlich von den Blättern getrennt sind.

▲ Mit den bunten Wohlriechenden Wicken lassen sich raffinierte Blumensträuße binden.

Lathyrus nervosus ist ausdauernd, schmückt sich den ganzen Sommer mit purpurblauen duftenden Blüten. Die Sorte verträgt Frost bis –5 °C, ist aber nicht langlebig. Nach der zweiten Saison geht sie meist zugrunde.

Kultivierung

Wicken bevorzugen fruchtbaren, luftigen und gut gedüngten Boden, wie im Gemüsegarten. Der Boden muss kühl bleiben und feucht gehalten werden. Die Wurzeln verankern sich tief im Boden, sodass die Erde am besten mit einer (zweizinkigen) Doppelhacke aufgelockert wird. Für eine reiche Blüte ist ein freier, sonniger Standort Voraussetzung.

Pflege

Bereits beim Pflanzen muss eine Kletterhilfe – Netz, Bambus, Reisig – angebracht werden. Die jungen Pflanzen werden anspaliert, bevor die ersten Ranken sich entwickeln. Gießen Sie ausreichend und düngen Sie großzügig und regelmäßig, denn die Wicke braucht sehr viel Nährstoffe. Entspitzen Sie die Triebe rechtzeitig, damit die jungen Pflanzen sich verzweigen. Schutz vor Nackt- und Gehäuseschnecken ist unerlässlich, denn diese Schädlinge haben eine besondere Vorliebe für die jungen Triebe. Entfernen Sie während der Saison die verwelkten Blütenstängel, damit sich keine Samen bilden, es sei denn, Sie wollen diese ernten.

◀ Die ausdauernden Wicken blühen regelmäßig und reichlich jedes Jahr.

▶ Befestigen Sie Wicken ordentlich an Netzen, Stangen oder Bambusstäben.

Lathyrus nervosus ist ein kleines Blühwunder, das viel zu selten kultiviert wird. Diese Art brachte Lord Anson 1744 aus ihrer Heimat Chile mit.

Vermehrung

Alle Wicken vermehren sich durch Samen. Weichen Sie die Samen vor der Aussaat ein paar Stunden in einem Glas lauwarmem Wasser ein. Sie können in Anzuchttöpfe im Frühbeet säen und im April die Setzlinge ins Freiland bringen.

Sie können auch ins Freiland in kleine Vertiefungen säen, in die Sie jeweils fünf oder sechs Samen legen. Nach dem Keimen werden die schwächsten Pflänzchen entfernt. In mildem Klima kann im Herbst an eine geschützte Stelle gesät werden oder im Februar unter einer Glocke oder Isotherm-Folie.

HÄTTEN SIE'S GEWUSST?

Auf Sizilien wächst die Wohlriechende Wicke wild. Die Holländer hatten deren Samen in ihre Niederlassungen in Asien mitgebracht. Später beförderte ein Schiff, das nach Europa zurückkehrte wieder Samen zurück. Daraus schloss der berühmte Botaniker Linné fälschlicherweise, dass die Wicke aus Sri Lanka stammen müsse! Die Wickensamen enthalten viel Stärke und wurden deshalb wie Kichererbsen verzehrt. Nicht immer war dies verträglich, sondern verursachte „Lathyrismus“ (chronische Lähmung), durch die enthaltenen nerventoxischen Aminosäuren.

Kälteempfindliche Kletterpflanzen

Sie lieben viel Wärme und Sonne; Kälte und Nässe hingegen vertragen sie schlecht. An einigen wenigen begünstigten Landstrichen können diese Pflanzen, gegen Windeinbrüche geschützt, in Gärten gehalten werden. Überall sonst müssen sie in Töpfen und im Haus kultiviert werden.

Allamanda cathartica heißt mancherorts auch Milchliane wegen des weißen Latexsaftes, der aus angeschnittenen Trieben fließt, oder Goldtrompete wegen der prachtvollen sattgelben Blüten, die pausenlos im Sommer und Herbst erscheinen. Unter günstigen Bedingungen kann *Allamanda* 10 – 15 m in die Breite oder Höhe wachsen. Sie braucht mindestens 10 – 13 °C, lässt sich jedoch leicht durch Stecklinge vermehren.

Cardiospermum halicacabum, Herzsame oder Ballonwein, stammt aus den tropischen Zonen Afrikas und Amerikas. Mit verholztem Stamm lässt sich die Pflanze einjährig oder ausdauernd kultivieren. Sie bekommt winzige grünliche Blüten, später 2 – 3 cm große eiförmige, erst hellgrüne, dann beigebraune Früchte. Die Triebe werden 3 – 4 m hoch. Die Pflanze darf nicht kühler als 7 – 10 °C stehen. Die Vermehrung geschieht im Frühjahr durch Samen (auf warmer Unterlage, 18 – 21 °C).

Clianthus puniceus Prachtwicke oder Ruhmesblume, ist eine neuseeländische Kletterpflanze. Sie ist ausdauernd, hat leichtes Laub und kann bis 4 m hoch werden. Im Frühjahr erscheinen lebhaft rote Blüten, die an Hummerscheren erinnern und in 10 – 15 cm langen Trauben hängen. Die Pflanze verträgt Temperaturen nicht unter 7 °C.

'Albus' ist eine weiße Sorte. 'Roseus' und 'Flamingo' sind dunkelrosa.

Ficus pumila, Kletterfeige, wirkt wie ein ausdauernder Wandteppich. Die Triebe, die mit kurzen kleinen Luftwurzeln versehen sind, halten sich an jeder Stütze fest, überziehen sie und passen sich ihrer Form an. Die kleinen ausdauernden Blätter sind leuchtend grün. Die 3–5 m langen Triebe dieser asiatischen Art klettern aufwärts, abwärts, kriechen oder fallen. Temperaturen unter 5 °C vertragen sie nicht.

Hardenbergia violacea, eine wüchsige australische Liane mit ausdauernden lederartigen Fiederblättern blüht im Januar. Die jungen dünnen Triebe werden anspaliert und ranken sich danach von allein bis zu 3 m hoch um eine Stütze. Die Blüten hängen in 10–15 cm langen Trauben herab. Man findet alle Farben von Weiß über Rosa, Lila und Violett bis Purpur. Temperaturen unter 5 °C werden nicht vertragen.

Kennedia coccinea bildet 2 m hohe Triebe, die sich um die unterschiedlichsten Stützen winden. Vor den dreifiedrigen Blättern kommen im Frühling die korallenroten Blütentrauben wunderbar zur Geltung. Kennedia gedeiht recht gut an der Küste, sofern das Klima mild ist und die Temperatur nicht unter 5 °C sinkt. Sie braucht fruchtbaren, kühlen und gut durchlässigen Boden und Halbschatten. Nach der Blüte muss sie zurückgeschnitten werden.

Plumbago auriculata oder Kap-Bleiwurz stammt, wie der Name andeutet, vom Kap der guten Hoffnung. Anfang des 19. Jahrhunderts gelangte sie nach Südfrankreich, wo sie heute heimisch ist. Überall dort, wo Oliven wachsen, gedeiht die Bleiwurz mit ihren biegsamen Zweigen und dem wintergrünen Laub das ganze Jahr über in den Gärten. In rauerem Klima muss sie in Töpfen kultiviert werden, die man vor den ersten Frösten ins Haus holen muss. Am Winteranfang werden die Pflanzen zurückgeschnitten, was die fast ununterbrochene Sommerblüte mit blassblauen röhren- und sternförmigen Blumenkronen nicht im Geringsten beeinträchtigt. Die Sorte 'Alba' ist weniger wüchsig.

Solandra maxima, Üppiger Goldkelch, aus Südamerika stammend, hat außerhalb des warmen geschützten Klimas der Côte d'Azur keine Chance, im Freiland kultiviert zu werden. Die klimmende Kletterpflanze wird 10–12 m hoch. Ab Mai schmückt sie sich mit einzelnen 15–20 cm langen purpurn geäderten gelben Trompetenblüten. Falls man ihr ausreichend Platz bieten kann, lässt sie sich auch im Topf in Innenräumen halten. Solandra verträgt keine Temperaturen unter 7–10 °C.

Strongylodon macrobotrys, Jadewein, wird sehr selten kultiviert. Ursprünglich zuhause im tropischen Unterholz Südostasiens, kann er nur im Warmhaus bei mindestens 15 °C gedeihen. Jadewein ist eine sehr wüchsige windende Pflanze, die 20 m hoch an Stämmen und Ästen von Bäumen wachsen kann. Die anfangs rosabronzefarbenen ausdauernden Blätter werden später sattgrün. Im Winter und im Frühjahr bilden sich 40 cm lange hängende Trauben mit effektvollen blaugrünen Blüten.

Thunbergia grandiflora, eine aus Nordindien stammende mächtige Liane mit immergrünem Laub, kann sich 10 m oder mehr an einer Stütze emporwinden. Sie blüht im Sommer mit einzelnen oder in Trauben hängenden Trompetenblüten in Blauviolett mit gelbem Schlund. Temperaturen unter 10 °C verträgt sie nicht.

Wenn diese Pflanzen prächtig gedeihen sollen, brauchen sie eine solide Kletterhilfe und regelmäßige Düngergaben. Einmal im Jahr ist ein strenger Formschnitt erforderlich. Der Grundschnitt besteht darin, zum Winteranfang die Jahrestriebe bis auf zwei Knospenansätze über dem Holz zurückzuschneiden.

Bei den Pflanzen, die draußen überwintern, kann die Kälte die oberirdischen Teile absterben lassen, selbst wenn für guten Schutz gesorgt wurde (dicke Schicht Mulch über den Wurzeln, Abdeckfolie). Haben Sie Geduld: Trotz des traurigen Anblicks, den sie am Ende des Winters bieten, treiben viele Pflanzen neu aus, nachdem einige Wochen mildes Wetter herrschte.

Stichworte